백제토기

백제토기

초판 1쇄 발행 2012년 8월 31일

지은이 | 김종만
펴낸이 | 김예옥
펴낸곳 | 글을읽다

437-829 경기도 의왕시 포일동 83-1(2F)
등록 2005.11.10 제138-90-47183호
전화 031)422-2215, 팩스 031)426-2225
이메일 geuleul@hanmail.net

디자인 | 조진일
ⓒ 김종만, 2012
ISBN 978-89-93587-10-4 93600

* 책값은 뒤표지에 표시되어 있습니다. 파본은 바꾸어 드립니다.

백제토기

김종만 지음

|서문|

백제토기의 아름다움

토기가 공예사에서 차지하는 비중은 매우 크다. 토기는 인류가 등장한 이래 점토가 갖는 특징인 가소성과 불을 조화시켜 만들어낸 인류 최대의 히트작이다. 토기가 등장하게 된 배경은 정확히 알려져 있지 않지만 생활이 윤택해지면서 가능했을 것이고 선, 무늬, 질감 등에서 지속적인 변화와 발전이 있었다.

우리나라 삼국시대 각국의 토기는 저마다 특색을 지니고 있다. 백제토기는 선이 유려하고 삼국시대 토기 중에서도 가장 빼어난 미감美感을 보인다. 백제토기는 백제 사람들의 생활상을 여실히 보여준다. 백제인의 삶과 애환이 고스란히 담겨있기에 그 종류도 다양하다. 그중에는 오늘날 우리가 사용해도 전혀 손색이 없는 것들도 있어 그 세련미를 가히 짐작할 수 있으며, 그 전통성이 오랜 세월 동안 지속되고 있음을 알 수 있다.

백제토기는 백제가 한강유역에서 안정된 기반을 구축한 후 만들어지기 시작하였다. 백제토기는 주변국의 여러 문물에서 영향을 받았다. 특히, 그중의 하나인 중국 도자기는 한성시기부터 사비시기에 이르기까지 줄곧 수입되었는데, 모두 최상급인 걸 보면

서울 석촌동고분 출토 병

백제인의 물품을 고르는 안목이 대단했음을 알 수 있다. 백제인의 높은 안목은 제품을 만들 때도 유효했을 것이다. 생활용기를 제작할 때 실용성은 물론이고 색과 질감을 백제인의 취향에 맞추고자 하면서 토기의 백제화가 시작되었다고 할 수 있다.

토기의 백제화는 백제양식 토기의 출현을 의미하는 것이었고 영역의 확장에 따라 백제토기도 확산되었다. 백제토기의 공급에는 중앙의 통제가 있어 지방에서 수용하는 것이 결코 쉽지는 않았을 것이다. 백제토기는 처음에는 천천히 파급되었으며 백제의 모든 영역에서 공통양식의 통일을 이룬 것은 5세기 말~6세기 초의 일이었다.

백제토기는 점토의 질감을 잘 살려 투박하지 않고 유려한 곡선을 이루지만 과히 사치스럽지는 않다. 또한 우아하면서도 친근하고 시각적인 안정감을 주는데, 이러한 특성은 백제인의 온화한 성품에서 유래했으리라 생각된다. 특히, 중국 도자기에서 볼 수 있는 직선과 원의 모습에서 벗어난 유연한 선은 백제 장인이 지녔던 자연스러운 미적 감각에서 우러나왔을 것이다. 달덩어리 같은 항아리에서는 한 번에 흘러내린 듯한 곡선의 대담성과 차분함을 느낄 수 있는데, 이는 백제 장인이 넉넉한 마음으로 빚어내었기 때문일 것이다. 또한 백제토기에서 해학적인 면도 발견할 수 있다. 호자는 윤곽이 유연할 뿐만 아니라 조선시대 민화에서 느끼는 호랑이와 같이 온화한 모습을 연출하고 있다. 그러면서도 호자에서 찾아볼 수 있는 실용성의 강조는 중국적인 요소를 백제화하였음을 알 수 있고, 오늘날 우리의 생활 속에서 동일한 요소를 찾아볼 수 있는 것은 선조들의 지혜가 돋보이는 작품이라고 할 수 있다. 길게 늘어뜨린 목에 입술을 크게 벌린 듯한 모습의 자라병은 자라의 모습을 토기에 사실적으로 표현하려고 했던 장인정신이 배어 있다. 등잔에는 여러 형태가 있는데 그중에는 잔잔한 호수에서 백조가 노니는 듯한 모양을 하고 있는 것도 있다.

 백제토기는 꼭 필요한 부분에만 장식을 덧붙이고, 투공도 복잡하지 않게 조각하여서 조화를 이루도록 하였다. 사비시기에 유행했던 연가는 백제만의 독특한 투공 배열방법이 보인다. 연가에서 볼 수 있는 타원형, 원형, 사각형 투공의 어울림은 백제 장인의 의식하지 않은 자유로운 행위예술이었을 것이다. 연가의 전체적인 모습에서 우러나오는 우아한 모습과 거기에서 빠져나오는 연기조차도 멋을 내려 한 장인의 실험정신이 엿보이는 작품이다.

 백제토기의 색감은 단순한 회색빛이 아니라 새봄을 맞이할 때 피어나는 버들강아지 봉오리가 햇빛을 만났을 때의 부드럽고 은은한 느낌이다. 백제토기의 색과 질감은 인위적인 것이 아니라 자연에서 추출한 것, 아니 자연 그대로를 가져다 놓은 것이라고 해도 과언이 아니다. 물론 백제토기 중에는 검은색도 있다. 백제 초기에 제작된 토기 중 흑색마연토기는 바탕을 갈고 닦아 윤기가 흐르게 하였는데, 검은색이 갖는 의미가 무엇이었는지 정확하게 알 수는 없지만 이제 막 비상하려는 백제의 자긍을 격정적인 검은색으로 한껏 표출한 것이 아닌가 싶다.

 백제는 토기의 생산과 유통에서 체계적이고 다원적인 공급체계를 갖추었다. 또한 분업화에 따라 규격화된 공통양식 토기를 만들고 국제성, 개방성도 표방하였다. 백제는 주변국에 토기 제작법을 전파하기도 한 기술 선진국이었다.

 백제토기 중에는 조화롭지 않은 비대칭 구도를 보이는 것들이 있는데, 현대의 모더니즘 작품을 보는 듯한 착각을 일으키기도 한다. 예를 들어 병의 목은 몸통의 중앙에 있어야 안정감이 들지만 한쪽으로 치우쳐 있거나 토기의 몸통이 둥글지 않고 약간 찌그러져 있는 것, 몸통보다 비대한 목과 입술을 가진 토기가 바로 그러한 예이다. 이러한 토기는 극히 일부분에 지나지 않기 때문에 백제 장인이 자연을 거스르는 추상적인 사고방식을 가지고 제작하지는 않았을 것이지만 그 나름대로의 멋을 자아내고 있다.

백제 도공은 글씨 또한 예술적인 감각으로 일필휘지했다. 글자에 멋은 부렸지만 가식이 없고 꼭 사용할 단어만 적었다는 점에서 거추장스럽지 않다. 도공이 토기에 남긴 문자에 대해 여러 가지 측면에서 의미를 되새길 수 있다. 도공의 솜씨 자랑이나 불교, 도교 등 종교와 관련된 기원 등일 것으로 여겨진다.

백제토기의 표면에는 다양한 무늬가 베풀어져 있다. 나무나 추상적인 무늬를 추구한 것은 삼라만상의 오묘한 진리를 토기에 담아보려는 장인의 의지였을 것이다. 선과 면의 조화가 인위적이면서도 자연스럽게 다가오기 때문에 가히 예술의 극치라고 할 수 있다. 물결무늬를 살펴보면 잔잔한 물결 속에 있는 듯한 것도 있지만 때로는 쉼 없이 밀려오는 격정의 파도를 표현한 것도 있다. 얼굴무늬는 머리에 모자를 쓰고 긴 수염을 기른 채 상념에 잠겨 조용히 자연에 순응하는 자세를 나타내고 있다.

백제토기는 백제인의 생활상을 그대로 반영한 공예품으로 가장 백제적이며 우아한 인간미를 표현한 것이다. 백제토기에 나타난 부드러움과 풍만함은 풍요로운 자연 속에서 혜택을 누리며 순응했던 삶의 결과가 아니었을까 한다.

서산 부장리 분구묘 출토 병

서울 석촌동고분 출토 직구단경호(위), 공주 수촌리 1호 석곽분 출토 직구단경호(아래)

천안 용원리 72호 석곽묘 출토 흑색마연토기(위), 부여 쌍북리 출토 직구단경호(화장장골용기)(아래)

부여 능산리사지 출토 대형단경호

서울 풍납토성 출토 광구단경호(위), 부여 정암리가마터 출토 자배기(아래)

군산 산월리 8호 석실분 출토 대부장경호

공주 수촌리 4호 석곽분 출토 광구장경호 · 기대

공주 송산리고분군 출토 기대

이천 설성산성 출토 기대

부여 동남리 금성산 출토 녹유기대

서산 부장리 4-1호 분구묘 출토 삼족토기(위), 공주 수촌리 5호 석곽분 출토 삼족토기(아래)

공주 정지산 출토 삼족토기(위), 부여 관북리 추정왕궁터 출토 대부완(가운데), 익산 왕궁리 출토 전달린토기(아래)

나주 복암리 3호분 8호 출토 개배(위), 부여 관북리 추정왕궁터 출토 등잔(아래)

부여 쌍북리 출토 벼루(위), 공주 공산성 출토 벼루(아래)

부여 군수리 출토 호자

부여 관북리 추정왕궁터 출토 사람 얼굴무늬 토기, 사진 국립부여박물관 제공.

| 차례 |

서문 : 백제토기의 아름다움 • 4

들어가며 • 27

1 시기별 특징과 주요 기종 • 31

제1절 성립 전야 • 33
제2절 시기 구분, 주요 기종의 변천과 특징 • 41
   1. 성립과 발전 • 41
   2. 시기 구분 • 47
      1) 한성시기 • 47
      2) 웅진시기 • 93
      3) 사비시기 • 124

2 제작기법 • 177

   1. 태토胎土 • 179
   2. 성형成形 • 181
   3. 표면장식과 의미 • 189
   4. 소성燒成 • 203

3 기술의 전파 • 221

나가며 • 239

들어가며

인류의 생활에서 나타난 획기적인 발명품의 하나가 토기이다. 토기의 출현은 인류의 생활에 큰 변화와 발전을 가져왔다. 토기는 잉여산물의 저장과 음식으로 조리할 수 있는 기회를 제공하였다.

한반도에서 토기의 출현은 신석기시대 이후이다. 역사시대로 넘어오면서 토기는 소성도뿐만 아니라 종류에 있어서도 많은 변화가 생긴다. 삼국시대의 토기는 각기 그 특징이 있으며, 특히 백제토기는 점토의 질감을 잘 살려 투박하지 않고 유려한 곡선으로 이루어져 우아하며 친근감이 든다.

백제토기는 백제 사람들에 의해 만들어진 토기를 말한다. 기원전 18년에 고구려에서 남하하여 마한의 한 소국으로 한강유역에 자리한 백제는 대체로 3세기 후엽 경 고대국가로 진입한다. 백제토기의 탄생도 이때쯤으로 알려지고 있으며 660년까지 사용되었다.[1]

백제토기는 백제의 초기 도읍지였던 한강유역에서 시작되어 금

---

[1] 박순발, 2006, 『백제토기 탐구』, 주류성.
김종만, 2007, 『백제토기의 신연구』, 서경.

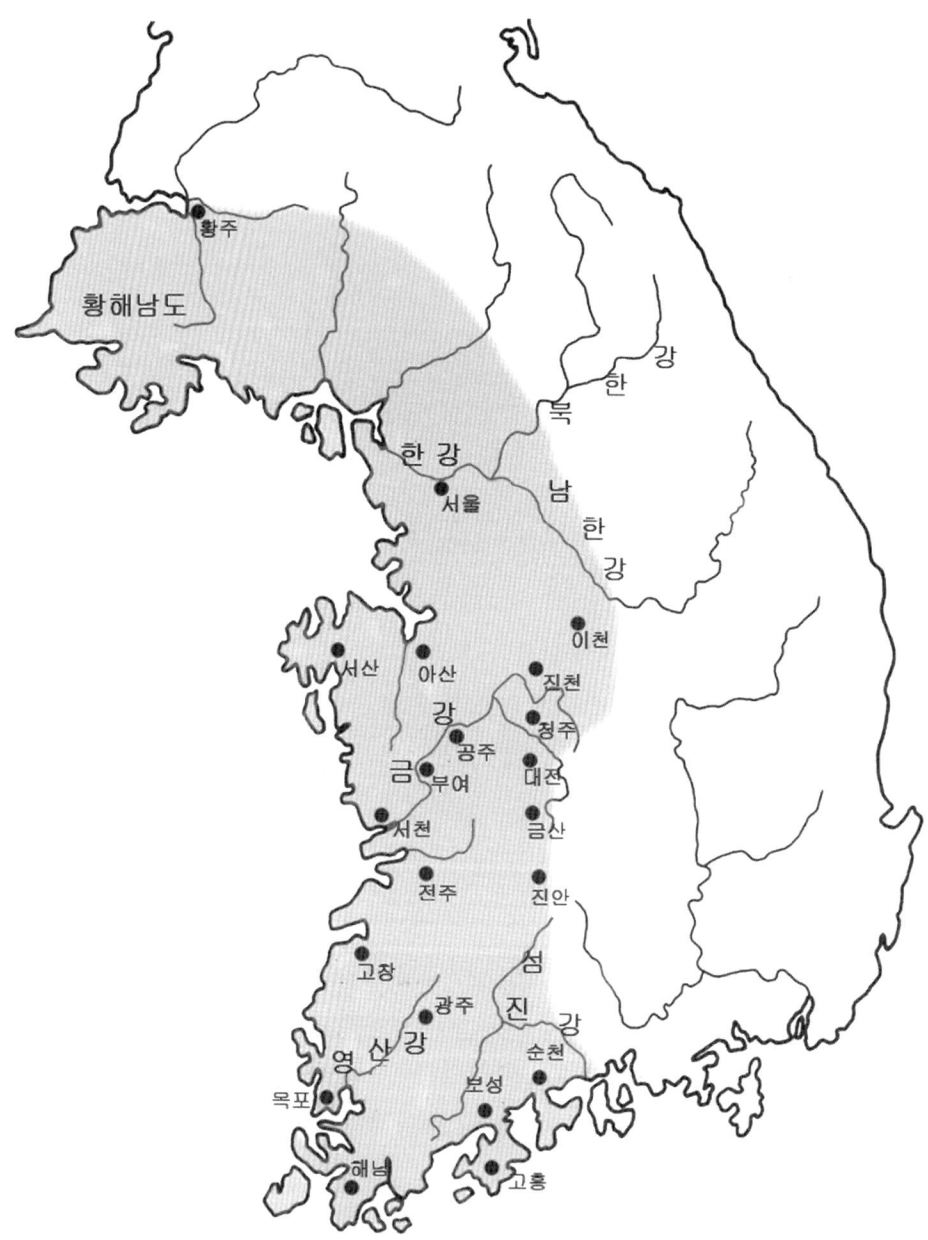

삽도 1. 백제토기 출토지역 분포도

강유역에서 완성된다. 백제토기는 원삼국시대에서 고대국가 체제가 확립된 백제百濟로 이행하는 과정에서 계승된 전통양식 토기와 새로 출현한 신기종의 토기가 함께 사용되면서 삼국시대 토기의 일원으로 자리 잡게 되었다. 백제는 삼국 중 가장 선진화된 국가로서 동아시아 문화 교류의 선봉에 있었다. 백제인들은 백제적인 특징을 갖춘 토기를 지속적으로 개발하여 삼국 중에서 가장 많은 기종을 만들어 사용하였다.

백제토기는 서울, 경기도, 충청도, 전라도지방에서 확인되고 황해도지방에서도 발견되어 분포지역을 통해 백제영역을 살펴볼 수 있다. 백제토기는 다양한 기종뿐만 아니라 생산과 유통이 체계적으로 이루어져 다원적인 공급체계를 갖추었다. 또한 분업화에 따라 규격화된 공통양식 토기로 만들어지고, 국제성, 개방성도 내포하고 있어 백제 내부에만 머무르지 않았다. 백제는 주변국에 토기를 만드는 제작기법을 전파한 기술 선진국이었다.

백제토기는 일제강점기 일본인 학자에 의해 처음 보고되었으나 기초적인 연구는 1950년대에 들어 이루어지기 시작하였다. 1980년대를 전후하여 본격적으로 국내학자에 의해 백제토기에 대한 연구가 이루어졌다. 이 시기의 연구는 백제고지百濟故地에서 나오는 기종을 모두 백제토기로 분류하여 청동기시대, 초기철기시대를 지나 곧바로 백제토기가 형성된 것으로 보았으며 통사적인 연구와는 달리 지역별 토기에 대한 연구 성과가 나오기 시작하였다. 1980년대 중반 경에는 국가의 경제발전 및 각종 국제행사 유치에 따라 급격히 늘어나는 구제·긴급 등 학술조사에 의해 다량의 백제토기가 발견됨에 따라 한층 더 세심한 시대·지역별 연구가 필요하게 되었으며, 한강·금강·영산강 등 큰강을 중심으로 한 백제토기의 연구가 있었다. 1990년을 전후하여 백제가 위치했던 한강, 금강유역의 왕궁터에 대한 발굴조사가 이루어지면서 백제토기의 출현, 성장, 전파에 대한 연구는 물론 백제 중앙양식 토기에 대한 지방양식 토기의 연구도 진행되었다. 2000년대에 들어와서는 백제토기의 출현 시점과 주변국과의 관계, 그 영향에 대한 연구가 더욱 활발하게 논의되고 있다.

1

시기별 특징과
주요 기종

제1절
성립 전야

백제는 기원전 18년에 마한의 한 소국小國으로 한강유역에서 출발하였다. 기원전 1세기는 청동기와 철기가 병행하는 단계로 원삼국시대에 해당하는데, 고대국가로 진입하기 전 단계이다.

백제가 한강유역에 자리하여 둥지를 튼 장소로는 서울 풍납토성을 든다. 특히 풍납토성의 발굴조사에서 발견된 3중 환호시설이 주목되며, 이후 판축기법에 의해 만들어진 풍납토성이 환호를 구축했던 동일집단에 의해 만들어진 것으로 알려지고 있어 계승적인 차원에서 중요시되고 있다.

풍납토성의 3중환호에서 발견된 토기류는 경질무문토기[2]와 타날문토기가 있다. 경질무문토기는 기원전 100년 경에 중부지방에서 출현한 것으로 알려지고 있다. 풍납토성 출토 경질무문토기는 밑이 납작하고 몸통이 긴 장란형토기와 심발형토기가 주를 이루며 경기도와 강원도지역에서도 확인된다. 타날문토기는 철기문화

삽도 2. 풍납토성 3중 환호시설 출토 경질 무문토기, 타날문토기(①가-1호 경질무문토기, ②가-2호 경질무문토기, ③나-2호 경질무문토기, ④가-2호 타날문토기, ⑤가-1호 타날문토기)

의 보급과 더불어 중국 전국계토기의 영향으로 기원 전후의 시기에 등장한다.³ 중부지방에서 타날문토기의 등장은 경질무문토기보다 약간 늦은 것으로 보는 견해가 우세하나 서북한지역에서는 이른 시기부터 같은 시기에 존재한 것으로 알려지고 있다.

타날문토기는 중부지방의 서울, 경기도를 포함하여 충청도, 전라도에 이르기까지 급속도로 확산되었다. 3세기 중후반이 되면 서울, 경기지역에서는 경질무문토기가 타날문토기로 대체된

삽도 3. 동해 송정동 출토 각종 경질무문토기(위).
삽도 4. 단양 수양개 출토 경질무문토기(아래).

---

2 '경질무문토기'는 '종말기 무문토기', '말기 무문토기', '중도식 무문토기' 등으로도 부른다. 경질무문토기는 청동기시대 이래의 무문토기 기술 전통에 새로운 고화도 소성의 기술이 가미되어 만들어졌다. 계보는 서북지방 세죽리-연화보유형의 명사리식 토기와 관련된 것으로 보기도 하고, 연해주를 포함한 동북지방의 끄로우노프까 문화와의 관련성도 제기되고 있다. 기종은 납작바닥의 외반구연호, 내반구연호, 시루, 완, 뚜껑 등이 있다. 경질무문토기는 지역별로 시기차를 두고 소멸하며 중부지방을 제외한 이남 지역에서는 4~5세기까지 사용되었다.

3 박순발, 1998, 『백제 국가의 형성 연구』, 서울대학교대학원박사학위논문.
최병현, 1998 「原三國土器의 系統과 性格」『한국고고학보』 38, 한국고고학회.

삽도 5. 남한 출토 각종 낙랑토기(①가평 달전리, ②하남 미사리, ③가평 대성리)

다. 한편 전라도 일부지역에서는 경질무문토기 단계가 등장하지 않고 무문토기 단계에서 곧바로 타날문토기로 바뀐 곳이 있어 타날문토기의 남부지방 등장 시점을 2세기로 보고 있다.[4]

경질무문토기가 타날문토기로 대체되는 과정에는 낙랑토기의 제작기술이 많은 영향을 주었다. 낙랑토기의 제작기술은 회전판을 이용하여 토기를 만드는 데 박자와 내박자를 이용하여 기벽을

---

[4] 김장석, 2009, 「호서와 서부호남지역 초기 철기-원삼국시대 편년에 대하여」 『호서고고학보』 33집, 호서고고학회.

얇고 단단하게 하고 바닥과 몸통의 경계 지점을 날카로운 예새를 이용하여 깎기 조정하며 회전판에서 토기를 떼어낼 때 실을 이용하는 등 이전의 토기 제작기술에서 진일보한다. 낙랑토기는 서울 풍납토성, 시흥 오이도, 수원 서둔동, 양평 양수리, 하남 미사리, 가평 달전리·대성리, 화성 기안리, 양양 가평리, 동해 송정동, 강릉 안인리, 아산 갈매리·탕정, 천안 두정동 등 중부지방을 비롯하여 호서지방에서도 확인되고 있다.[5]

타날문토기는 생활유적뿐만 아니라 무덤유적에서도 확인되며 지역적으로도 넓게 분포한다. 생활유적에서는 장란형토기, 심발형토기, 시루 등의 취사용기와 대형·중형 단경호 등의 저장용기가 세트를 이루며 확인된다. 무덤유적에서는 단경호, 심발형토기, 이중구연토기, 양이부호가 발견된다. 장란형토기와 심발형토기는 3세기 경에 경질무문토기의 후속으로 등장한다. 시루는 중부지방과 중서부·남부지방의 형식이 다르게 나타난다. 중부지방의 시루는 밑이 둥글지만 중서부지방에서는 밑이 납작하고 바닥에 작고 둥근 구멍들이 뚫려있는 특징을 갖고 있다. 특히 중서부지방에서는 밑이 둥근 단경호와 심발형토기가 세트를 이루며 무덤에서 부장품으로 확인된다.

무덤유적에서 확인되는 양이부호는 낙랑의 토기제작기술의 영향을 받아 만들어진 토기로 중서부지방과 남부지방에서 확인된다. 중서부지방에서는 서해안지역인 서천, 서산지방 출토품이 시

---

[5] 이남석·서정석, 2000, 『斗井洞遺蹟』, 공주대학교박물관.
충청남도역사문화원, 2007, 『牙山 葛梅里(Ⅱ區域) 遺蹟』.
국립전주박물관, 2009, 『마한-숨쉬는 기록』.

삽도 6. 원삼국시대 토기 각종(①각종 양이부호, ②각종 이중구연토기, ③부여 초촌 출토 삼족이중구연토기, ④공주 하봉리 이중호)

기가 빠르며, 금강의 중류인 공주, 대전, 청주 등지에서도 확인되고 있다. 청주 송절동에서 발견된 양이부호는 몸통에 승석문繩席文(돗자리무늬)이 있는 것으로 일본 규슈〔九州〕의 니시진마찌〔西新町〕유적에서 확인된 양이부호와의 관련성이 주목된다.[6] 이것은 당시 규슈지방과 금강유역의 교류관계를 살펴볼 수 있는 좋은 자료이다.

이중구연토기는 무덤유적에서 확인되고 있는 주요 기종으로, 서

---

[6] 金鍾萬, 1999,「馬韓圈域出土 兩耳附壺 小考」『考古學誌』10, 韓國考古美術研究所.
福岡縣敎育委員會, 2000·2002,『西新町遺蹟 Ⅱ·Ⅳ』.

삽도 7. 원삼국시대 토기 각종(①충주 금릉리 파수부토기, ②청주 봉명동·아산 용두리 대부호, ③군산 남전·고창 봉덕리 시루, ④서천 지산리 심발형토기, 완, 장란형토기, ⑤각종 조형토기, ⑥부안 대목리 연통)

울 가락동, 부여 논치, 공주 남산리를 비롯하여[7] 영산강유역에서 많이 출토된다.[8] 이중구연토기에 낙랑토기의 영향으로 삼족이 부가된 것이 부여 초촌에서 발견되었다. 조형토기鳥形土器는 엄밀히 말해 타날문 기법에 의해 만든 토기는 아니나 타날문토기와 공반

1. 시기별 특징과 주요 기종 39

하는 주요 기종으로 금강 하류의 서천, 익산지방과 영산강유역의 나주지방 등 서해안을 따라 발견된다. 광구평저호는 영산강유역에서 많이 발견되며 부여 논치 제사유적 출토품과 흡사해서 양 지역 간 문화교류의 지표로 삼을 수 있다.⁹ 호류壺類, 주구토기注口土器, 영산강유역의 옹관 등에는 토기의 어깨 부분에 거치문鋸齒文(톱니무늬)을 눌러 찍은 것이 있다.

원삼국시대 토기는 집터 출토 생활토기와 무덤 출토 부장토기가 중부~남부지방의 영역 안에서 비슷한 양상을 보이면서 발전해가고 있으며, 남부지방에서는 영산강유역을 대표하는 독특한 형태의 토기문화로 발전하고, 5세기 말을 전후하여 백제토기의 영향을 받으면서 점차 소멸한다.¹⁰

---

7 김종만·신영호·안민자, 2001, 『公州 南山里 墳墓群』, 국립공주박물관.
   서현주, 2001, 「이중구연토기 소고」 『백제연구』 제33집, 충남대학교 백제연구소.

8 서울 가락동 이중구연토기의 연대는 3세기 중후반설과 4세기 중엽설이 있다. 4세기 중엽설은 백제토기의 시작 시점을 가리키는 것으로 현재 논쟁의 중심에 있다(김일규, 2007, 「漢城期 百濟土器 編年再考」 『先史와 古代』 27, 韓國古代學會).

9 국립부여박물관, 2007, 『부여 논치 제사유적』.

10 서현주, 2006, 『영산강유역 고분토기 연구』, 학연문화사.

제2절
시기 구분, 주요 기종의 변천과 특징

1. 성립과 발전

백제토기의 성립은 제작기법의 변화로 인해 새로운 기종이 출현하면서 이루어진다.[11] 성립기 백제토기는 풍납토성을 포함한 한강 유역에서 확인된다. 풍납토성 경당지구의 101호 유구에서 흑색마연이 있는 직구광견호, 광구단경호, 꼭지가 없는 뚜껑 등 지금까지 볼 수 없었던 새로운 형태의 토기가 확인되었다.[12] 이 신기종의 토기는 경질무문토기, 이중구연토기, 타날문이 있는 단지류,

---

[11] 백제토기의 성립 시기에 대하여는 2세기설, 3세기설, 4세기설이 대립하고 있다. 다양한 비교자료를 통해 검토가 이루어지고 있으며 백제의 고대국가 진입을 언제로 보는가에 따라 달라지고 있다. 백제의 성립이 『삼국사기』의 내용을 그대로 믿을 수 있다면 백제토기의 등장 시기가 올라갈 수 있는 여지는 얼마든지 있다고 할 수 있으나 고대국가로 진입할 수 있는 충족 여건을 감안해보면 3세기설이 매우 설득력이 있다.(권오영, 2011, 「漢城百濟의 時間的 上限과 下限」 『백제연구』 제53집, 충남대학교 백제연구소.)

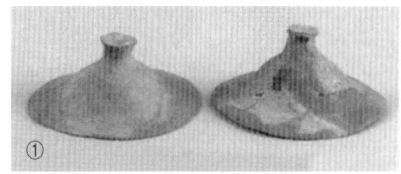

삽도 8. 풍납토성 경당지구 101호 유구 출토 각종 백제토기(①뚜껑, ②대형호)

어깨에 삼각형과 마름모꼴의 압날문押捺文(눌러 찍은 무늬)이 있는 대형단경호 등 원삼국시대 이래로 사용된 토기와 함께 출토되었다. 신기종의 출현 시점은 같이 나온 중국제 오수전五銖錢과 시유도기施釉陶器의 연대를 통해 3세기 후엽 경으로 보고 있다.[13]

3세기 후반 백제는 마한을 대표하여 중국 서진에 사신을 파견하는 등 국가체제를 갖추고 문물을 정비하였다.[14] 당시 한반도에 있었던 낙랑이나 대방뿐만 아니라 중국 본토와의 교류 및 교역은 백제토기의 탄생에 많은 영향을 미쳤다.[15] 백제토기에서 확인된 낙랑토기 제작기술과 중국 도자기에 대한 모방품은 이를 잘 증명한다. 성립기 백제토기에 나타나는 표면 문지르기〔磨研〕, 깎기, 회전물손질 등은 낙랑토기 제작기술의 영향이다.[16] 그

---

[12] 권오영, 2001, 「풍납토성 경당지구 발굴조사의 성과」『한밭대학교 개교 제47주년기념학술발표대회 요지문』, 한밭대학교 향토문화연구소.

[13] 한신대학교 박물관, 2003, 『풍납토성Ⅲ』.

[14] 김수태, 1998, 「3세기 중·후반 백제의 발전과 馬韓」『마한사 연구』백제연구총서 제6집, 충남대학교.

[15] 林永珍, 1996, 「百濟初期 漢城時代 土器研究」『湖南考古學報』4, 湖南考古學會.

삽도 9. 풍납토성 출토 중국문물(①·②시유도기, ③오수전)

삽도 10. ①·②풍납토성 출토 중국제 전문도기(錢文陶器)

---

16 이성주, 1991, 「原三國時代 土器의 類型, 系譜, 編年, 生産體系」『韓國古代史論叢』2, 한국고대사회연구소.
김길식, 2001, 「삼한 지역 출토 낙랑계 문물」『낙랑』, 국립중앙박물관.
신종국, 2002, 『百濟土器의 形成과 變遷過程에 대한 硏究』, 성균관대학교석사학위논문.
권오영, 2003, 「物資·技術·思想의 흐름을 통해 본 百濟와 樂浪의 交涉」『漢城期 百濟의 物流시스템과 對外交涉』, 한신대학교 학술원 제1회 국제학술대회.
박순발, 2003, 「百濟土器 形成期에 보이는 樂浪土器의 影響」『百濟와 樂浪』, 충남대학교 백제연구소 2003년도 백제연구 국내학술회의.

리고 직구호, 뚜껑 등은 중국 도자기를 그대로 모방하여 나타난 것으로 알려지고 있다.[17] 특히 백제토기의 신기종 토기의 출현에 영향을 주었을 것으로 생각되는 전문도기는 서울 풍납토성·몽촌토성, 홍성 신금성에서 확인되며, 표면의 무늬인 전문錢文(동전무늬)에 대한 연구결과 동진東晉대에 반입된 것으로 보고 있는데[18] 고대 동아시아의 정치·경제적인 상황을 고려하여 지금까지 알려진 동진보다도 앞선 동오東吳 시기까지 올려보는 견해도 있다.[19]

성립기 백제토기는 풍납토성 이외에도 서울 가락동·석촌동, 파주 주월리에서도 확인되고 있어 3세기 말~4세기 초에는 주변지역으로 영역이 확장되어 전개된다. 상기한 지역에서는 토기 표면을 반질반질하게 갈은 흑색마연토기가 출토되고 있다.

한편 원삼국시대 이래로 만들어 사용했던 타날문토기는 백제가 고대국가로 진입한 이후에도 여전히 사용되었는데, 호류, 장란형토기, 심발형토기, 시루, 완 등이 있다.

호류는 대·중·소형이 모두 확인되며 몸통은 계란 모양이 주류를 이룬다. 대형호의 경우 목이 길고 어깨에 거치문鋸齒文(톱니무늬), 삼각문三角文(세모무늬), 능형문菱形文(마름모무늬), 원문圓文, 복합문複合文 등이 압날되어 있다. 어깨에 압날문이 배치된 토기는 한강유역에서 출현하여 남쪽으로 전파되었다. 특히, 거치문이 갖는 의미

---

[17] 李明燁, 2003, 「백제토기의 성립과 발전과정에 나타난 중국 도자기의 영향」, 한신大學校大學院.

[18] 한지수, 2010, 「百濟 風納土城出土 施釉陶器 硏究」『백제연구』 제51집, 충남대학교 백제연구소.
權五榮, 2011, 「漢城百濟의 時間的 上限과 下限」『백제연구』 제53집, 충남대학교 백제연구소.

[19] 韋正, 2010, 「한국출토 전문도기 연대에 관한 몇 가지 고찰」『경남의 가야고분과 동아시아』, 경남발전연구원역사문화센터 제2회 한·중·일 국제학술대회 발표요지문.

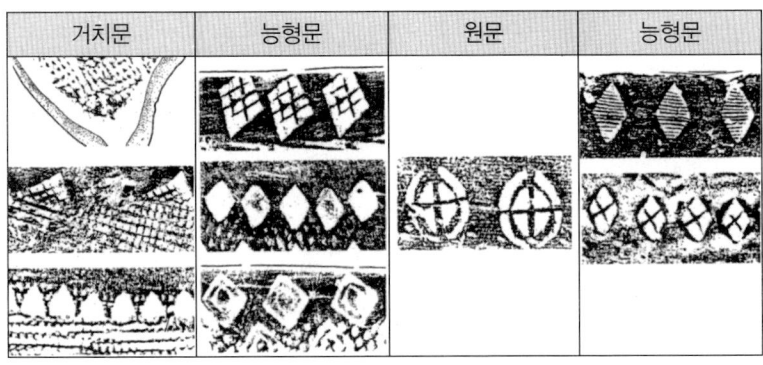

삽도 11. 풍납토성 출토 대형단경호 어깨에 나타난 각종 무늬

를 정치적 권위의 상징으로 해석하고 있으며[20] 백제토기 신기종과 공반하는 단계의 대형단경호에는 거치문 이외에도 여러 무늬가 압날되고 있어 특정한 의미를 부여하는 것을 지양하고 있다.[21]

장란형토기와 심발형토기는 무늬의 변화가 거의 동시에 이루어지는 일상 생활용기이다. 원삼국시대에는 표면에 격자문格子文(창살무늬)이 타날되었으나 백제가 고대국가로 진입하면서 승문繩文(새끼무늬)이나 평행문平行文(선무늬)으로 바뀐다. 이러한 변화의 배경에는 낙랑토기의 제작기술 등 선진적인 생산체제가 수용되어 나타난 것으로 보고 있다.[22]

장란형토기는 원삼국시대의 몸통이 길고 좁은 모양에서 입과 몸통이 확대되어 용량이 커지는데, 이것은 시루가 커짐에 따라 비례해서 커진 것이다. 장란형토기는 한성시기에 백제의 중심지에서는 변화가 나타나고 있지만 충청 이남지역에서는 여전히 격자문

---

[20] 김승옥, 1997, 「鋸齒文土器 : 정치적 권위의 상징적 표상」『한국고고학보』 36, 한국고고학회.
[21] 조성숙, 2005, 「肩部押捺文土器의 變遷過程과 그 意味」『湖西考古學』 第13輯, 湖西考古學會.

삽도 12. ①풍납토성 출토 완 ②풍납토성 출토 시루

이 있는 원삼국시대의 형태가 발견된다.[23] 심발형토기는 입술이 바라지고 몸통은 위가 넓고 아래가 좁으며 바닥이 편평한 모양인데, 한강유역에서 백제의 고대국가 진입 시기와 매우 밀접하게 관련되어 나타나는 전통 기종으로 일상 생활용기와 무덤의 부장용기로 널리 사용되었다.[24]

시루는 곡식을 익히는 그릇으로 장란형토기와 세트를 이룬다. 출현기 백제 시루는 원삼국시대보다 용량이 커지고 밑바닥은 둥글다. 완은 배식용기로 원삼국시대 이래의 나팔 모양이 사용되고 있지만 낙랑토기의 영향을 받아 입이 곧추서거나 바라진 형태로 바뀐다.[25]

백제토기 성립기에 낙랑의 토기 제작기술이나 중국 본토의 물

---

[22] 박순발, 2006,『백제토기 탐구』, 주류성.
[23] 정종태, 2003,「湖西地域 長卵形土器의 變遷樣相」『湖西考古學』9, 湖西考古學會.
[24] 박순발, 2001,「深鉢形土器考」『湖西考古學』4·5合輯, 湖西考古學會.

류가 도입되었다고 하는 것은 백제가 당시 중국과 교류 및 교역을 할 수 있는 정치·경제적인 성장과 인적 재원을 끌어들일 수 있는 포용력을 갖추고 있었음을 말해준다.

2. 시기 구분

백제토기는 세 번에 걸친 수도의 이전에 따라 한성시기(~475), 웅진시기(475~538), 사비시기(538~660)로 나뉜다. 각 시기는 신기종의 출현이나 제작기법의 차이에 따라 세분된다.

1) 한성시기

(1) 시기 구분

한성시기는 백제가 고대국가로 진입하는 3세기 후엽 경부터 웅진으로 천도하는 475년까지이다. 한성시기의 백제토기는 한성 I기, 한성 II기, 한성 III기로 나누어 살펴볼 수 있다.

한성 I기는 백제토기가 등장하는 시기이다. 이 단계는 3세기 후엽 경에서 신기종의 토기가 추가로 등장하기 전인 3세기 말을 전후한 시기로 서울의 한강유역을 중심으로 고대국가의 틀을 다질 때이다. 이 시기의 시작 시점을 결정한 주요 고고학적 근거로는

---

[25] 朴淳發·李亨源, 2011, 「原三國~百濟 熊津期 盌의 變遷樣相 및 編年」 『백제연구』 제53집, 충남대학교 백제연구소.

풍납토성 경당지구 101호에서 수습한 시유도기施釉陶器 및 전문도기錢文陶器로 중국 후한後漢~동진대東晉代에 제작·사용한 것과 동일한 데서 정해진 것이다.[26] 흑색마연이 있는 직구광견호, 광구단경호, 꼭지가 없는 뚜껑과 더불어 원삼국시대 이래로 사용된 대형·중형단경호, 장란형토기, 심발형토기, 시루, 완 등이 있다.

한성 Ⅱ기는 백제토기의 기종이 추가로 등장하는 단계로 4세기 초에서 4세기 말까지이다. 4세기 말 백제는 문화적으로 크게 발전하며, 서울을 벗어나 경기도지방을 비롯한 인근지역으로 영역을 확장하는 시기이다. 이 단계에서 배류(삼족토기, 고배, 개배)가 등장한다.

한성 Ⅲ기는 백제의 영역 확장에 따라 신기종과 재래식기종이 남하하는 단계이면서 병류와 횡병橫瓶 등의 기종이 새로 추가되는 시기로 5세기 초부터 웅진으로 천도하는 475년까지이다. 이 단계에서 백제는 금강유역과 영산강유역의 일부지역에 통일양식토기를 확산시킨다. 금강유역에서 나타나는 광구장경호, 직구호, 삼족토기, 횡병 등과 영산강유역의 흑색마연의 직구광견호, 개배는 이를 입증한다.

(2) 주요 기종의 변천과 특징

한성시기의 백제토기는 다양하다. 성립기에 나타난 신기종과 원삼국시대 이래로 발전한 전통기종이 공반한다. 기종은 호류(단경호, 광구장경호, 광구단경호, 직구호), 배류(고배, 개배, 삼족토기), 시루, 장란형토기, 심발형토기, 완, 기대, 병류(단경병, 횡병), 접시,

---

[26] 권오영·한지선, 2005, 『풍납토성Ⅵ』, 국립문화재연구소·한신대학교 박물관.

파수부잔, 등잔 등이 있다.

① 호류壺類

호류는 저장용기로 단경호, 광구장경호, 광구단경호, 직구호가 대표적이다.

단경호는 입이 바깥으로 바라지고 몸통은 계란모양인 것이 많다. 크기에 따라 대형단경호, 중형단경호, 소형단경호가 있으며, 바닥의 형태에 따라 둥근 원저호, 납작한 평저호로 나뉜다.

대형단경호는 높이가 50cm 이상으로 어깨에 압날문이 배치된 것과 그렇지 않은 것으로 나눌 수 있다. 입은 두텁고 넓게 만들며 목은 길게 만들었다.

한성 I기의 대형단경호는 어깨에 압날문이 있는 풍납토성 경당지구 101호 유구 출토품이 대표적인데 어깨가 약간 강조된 것으로 고창 만동 8호묘 1호 옹관甕棺(독널)과 유사하다. 풍납토성 경당지구 101호 유구 출토품은 아직 원삼국시대 이래의 형태에서 벗어나지 못하고 있으나 파주 주월리 '96-7호 집터 출토품처럼 어깨가 약화되어 계란모양으로 변해간다. 몸통이 계란모양으로 변해가는 과도기에 있는 풍납토성 가-2호 집터 출토품을 보면 어깨가 아직도 강조된 듯한 느낌을 주며 바닥에 원형의 굽이 남아 있다. 파주 주월리 '96-7호 집터에서는 압날문과 원형으로 된 바닥굽이 없는 대형단경호도 같이 나오고 있어 한성 I기에 어깨무늬와 굽이 소멸되기 시작한다.

한성 II기의 대형단경호는 몽촌토성 출토품이 대표적인데, 입이 넓고 몸통이 풍만하게 보이며 밑바닥에 원형 굽 없이 안정적으로 처리된다. 한성 III기가 되면 몽촌토성 '88-2호 저장공 출토품처럼

삽도 13. 한성시기 대형단경호(①고창 만동 8호묘 1호, ②파주 주월리 '96-7호 집터, ③풍납토성 현대연합주택 가-2호 집터, ④몽촌토성 '85-2호 저장공, ⑤포천 자작리 2호 집터, ⑥용인 구갈리 40호 구덩이)

입이 종전보다 작아지고 몸통이 계란모양이지만 중간부가 거의 수직에 가깝다. 이 시기의 대형단경호는 경기도의 최북단인 포천 자작리 2호 집터[27]에서도 확인되고 있으나 몽촌토성 성벽에서 확인된 것과 유사한 것이 공반하고 있어 지역적으로 늦은 시기까지 한성 Ⅱ기의 형태는 지속되고 있음을 알 수 있다. 한편 남쪽으로는 용인 구갈리 40호 구덩이에서 수습된 대형단경호를 들 수 있는

---

[27] 송만영·이헌재·이소희·권순진, 2004, 『포천 자작리유적Ⅰ』, 경기도박물관.

삽도 14. 한성시기 중형단경호(①횡성 둔내 3호 집터, ②파주 주월리 '96-7호 집터, ③청주 신봉동 고분군, ④풍납토성 현대연합주택 가-2호 집터, ⑤하남 미사리 숭B-2호 집터, ⑥화성 마하리 5호 석곽묘)

데,[28] 아직도 입이 넓지만 입술 바깥 면이 수직이면서 아래에 턱이 있는 발전된 형태이다.

　중형단경호는 높이가 20~50cm인 것을 말하며, 원삼국시대에서 유행한 편구형호偏球形壺의 후신後身으로 등장한다. 한성Ⅰ기의 유적으로 알려지고 있는 풍납토성 경당지구 101호 유구에서 확인된 것은 계란모양인데, 이러한 형태는 횡성 둔내 3·4호 집터에서

---

[28] 기전문화재연구원, 2003, 『龍仁 舊葛里遺蹟』.

삽도 15. 한성시기 중형단경호(①원주 법천리 4호 석곽묘, ②이천 설성산성, ③연산 모촌리 '93-5호 석곽묘, ④분강·저석리 14호 석실분, ⑤석촌동 3호분 동쪽 대형 토광적석부 출토 흑색마연토기, ⑥해미 기지리 Ⅱ-27호 분구묘 출토 흑색마연토기)

이미 나타나고 있어 원삼국시대 이래로 조금씩 변화가 있었던 것임을 알 수 있다. 파주 주월리 '96-7호 집터에서 출토된 중형단경호 중에는 바라진 입술에 목이 위로 올라가면서 좁아지고 몸통의 어깨가 강조된 형태가 나오며 충주 하천리 F1호 집터, 춘천 중도 2호 집터, 천안 청당동 2호 토광묘土壙墓(움무덤) 출토품과 같은 형태에 바닥이 납작하게 변하고 있어 발전된 기형으로 볼 수 있다.

한성 Ⅱ기의 중형단경호는 목이 위로 올라갈수록 팔자형으로 바라지며 몸통은 어깨나 중간부분을 강조한다. 이러한 특징을 갖춘 중형단경호는 풍납토성 가-그리드, 하남 미사리숭B-2호 집터,

화성 마하리 5호 석곽묘石槨墓(돌곽무덤), 청주 신봉동 '92-60호 토광묘에서 발견되었다. 석촌동 3호분 동쪽 대형 토광적석부에서 발견된 흑색마연의 중형단경호는 어깨가 발달되어 한성 Ⅱ기의 특징을 보여준다. 또한 해미 기지리 Ⅱ-27호 분구묘墳丘墓(구릉처럼 생긴 흙무덤)에서도 흑색마연의 중형단경호가 확인되었는데 몸통은 둥근 모양이다.

한성 Ⅲ기가 되면 몽촌토성 '87-1호 저장공 Ⅲ층 출토품과 같이 한성 Ⅰ기와 유사한 형태를 하고 있으나 토기의 밑바닥 중앙부분이 약간 들어가는 오목바닥으로 변한다. 그렇지만 풍납토성이나 몽촌토성 출토의 늦은 단계의 중형단경호들은 한성 Ⅱ기 단계와 비슷한 특징을 유지하고 있다. 이 단계가 되면 백제 중앙에서 사용했던 중형단경호와 비슷한 것들이 원주 법천리 4호 석곽묘,[29] 이천 설성산성, 용인 수지, 홍성 신금성, 천안 용원리 석곽묘, 청주 신봉동 토광묘, 연기 송원리 석실분石室墳(돌방무덤), 서천 봉선리 고분, 논산 모촌리 석곽묘 등에서 발견되고 있다. 출토 지역을 살펴보면 백제 중앙인 서울에서 동쪽으로는 남한강을 따라 이천을 거쳐 원주까지 진출하고 있으며, 남쪽으로는 용인, 천안, 공주를 거쳐 금강하류 지역에서 대전지방을 통과하는 전파 양상을 살펴볼 수 있다. 공주와 부여의 군계郡界에 있는 분강·저석리 14호 석실분 출토품은 몽촌토성 출토품과 유사성이 인정되고, 익산 입점리 3호 석실분 출토품도 이 시기에 해당한다.[30]

소형단경호는 20cm 이하의 것이 해당되며, 원삼국시대 이래의

---

[29] 송의정·윤형원, 2000, 『法泉里Ⅰ』, 국립중앙박물관.
[30] 국립문화재연구소, 1989, 『익산 입점리고분』.

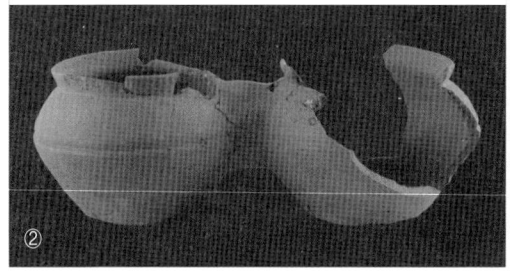

삽도 16. 쌍호(①석촌동 5호분 주변, ②대전 용산동 2지구 1호 토광묘, ③대전 용산동 2지구 2호 토광묘)

편구형호의 형태에서 둥근 공모양의 형태로 변화하고 있으나 양은 많지 않다. 소형단경호 2개를 붙여 만든 쌍호가 몽촌토성,[31] 석촌동 5호분 주변, 대전 용산동 2지구 1호 토광묘와 동일지역의 2호 토광묘에서 발견되었다.[32] 연기 송원리 고분군에서 발견된 소형호 중에는 짧게 바라진 입술, 몸통의 중간에 요철선이 돌아가고 바닥이 납작한 것이 있는데, 가평 달전리 목곽묘木槨墓(나무덧널무덤)에서 확인된 낙랑토기의 영향으로 보인다.[33]

광구장경호는 입이 크게 바라지고 긴 목을 하고 몸통은 둥근 것

---

[31] 김원룡·임효재·박순발·최종택, 1989, 『몽촌토성』, 서울대학교 박물관, p.255의 도면41-⑧.
[32] 성정용·이형원, 2002, 『龍山洞』, 충남대학교박물관.
　　조상기 외, 2008, 『大田 龍山·塔立洞遺蹟』, 중앙문화재연구원.

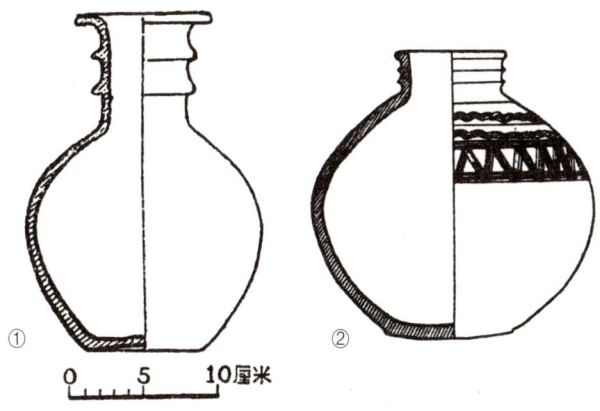

삽도 17. 절경호(①중국 요녕지방, ②중국 여대시 영성자 패묘)

을 말한다. 긴 목에는 요철선이 없는 것과 있는 것, 요철선 사이에 물결무늬가 있는 것, 음각선을 돌린 것 등이 있다.

한성 I기의 광구장경호는 아직 발견된 예가 없다. 4세기 중엽 이후에 해당하는 유적이 포함된 풍납토성이나 몽촌토성에서 확인되고 있어 늦어도 한성 II기에는 나타나는데, 이때는 목에 장식이 없는 형태이다. 한성 II기 말쯤에는 목에 장식이 있는 것이 출현하는 것으로 생각되고 한성 III기가 되면 더욱 널리 사용되는데, 중국 요녕지방과 여대시 영성자 패묘에서 발견된 절경호節頸壺와 같은 토기의 영향으로 나타난 것으로 보기도 한다.[34] 한성 II기 말~III기 초부터는 고분에 부장품으로 매납되기 시작하는데, 석촌동 '86-9호 토광 주변에서 확인되고 서산 부장리 분구묘, 천안 용원리 4호

---

[33] 이 기종에 대해 절복호節腹壺라는 명칭을 사용하기도 한다.(박순발, 2006, 『백제토기 탐구』, 주류성)

[34] 김종만, 2009, 「호서지역의 백제토기」『백제, 마한을 담다』, 충청남도역사문화연구원.

삽도 18. 한성시기 광구장경호(①석촌동 '86-9호 토광 주변, ②서산 부장리 분구묘, ③천안 용원리 4호 석곽묘, ④석촌동 '86-5호 토광, ⑤천안 용원리 38호 토광묘, ⑥천안 화성리 B-1호 토광목곽묘, ⑦·⑧공주 수촌리 Ⅱ-3호 석곽묘, ⑨서천 둔덕리, ⑩대전 용산동 1호 토광묘, ⑪군산 산월리 8호 석실분, ⑫부안 죽막동 제사유적, ⑬완주 상운리 나지구 7-9호 목관묘, ⑭분강·저석리 고분군 바호 매납유구)

석곽묘, 공주 수촌리 석곽묘, 연기 송원리 석실분 등 금강유역의 고분군에서도 부장된다. 석촌동 '86-5호 토광에서 발견된 것은 목에 요철선은 없지만 몸통의 윗부분에 평행선문, 아랫부분에 격자문이 타날되어 있다. 몸통에 평행문 타날만 있는 것은 천안 용원리 38호 토광묘에서 발견되었다. 천안 화성리 B-1호 토광목곽묘 출토품은 한성 Ⅱ기에서 Ⅲ기에 걸친 형식이지만 매우 발전된 입술과 목에 1줄의 요철선이 있고 몸통에는 격자문이 있다. 한성 Ⅲ기 광구장경호의 전파는 금강을 건너 연산지방의 표정리·모촌리에서도 수습된다. 특히 공주 수촌리 Ⅱ-3호 석곽묘, 대전 용산동 1호 토광묘, 서천 둔덕리와 연산 표정리 '85-3호 석곽묘, 군산 산월리 8호 석실분에서는 목에 요철선이 없는 형식이 발견되었는데, 금강유역에서는 5세기 중엽 경까지 한성 Ⅱ기의 특징이 이어지는 것으로 볼 수 있다. 군산 산월리 8호 석실분에서는 받침이 달린 것이 확인되었는데, 몸통에 조족문이 타날되어 있다. 연기 송원리 10지구 KM-060호 토광묘 출토품은 목에 요철대가 있고 어깨에는 파상문과 원문(어자문魚子文)이 있다. 그리고 부안 죽막동 제사유적에서는 고배형 기대의 다리부분을 몸통에 부착한 듯한 비례가 맞지 않는 것도 발견되었다. 분강·저석리 고분군 바호 매납유구 출토품은 금강유역에서 확인된 돈을 띠가 없는 형식의 마지막 단계로 보인다.

한편 한성 Ⅱ~Ⅲ기를 통하여 광구장경호가 분구묘의 부장품으로 꾸준히 사용된 완주 상운리유적은 백제 중앙세력이 내려와 조성했다기보다는 재지세력이 주인공이었을 것으로 파악되고 있다. 이러한 점은 완주 상운리 재지세력이 4세기 중후반에 백제 중앙세력과 연결된 이후 토기 제작기술을 공유하고 양식을 모방했을 것으로 보이며,[35] 금강 이남지역에서의 백제 중앙세력의 역할과 관련하여 중요한 시사점을 던져주고 있다. 그것은 백제 중앙세력이 정치적으로는 통합을 이루어내고 있지만 문화적으로는 완전히 병합하지 못하고 있었다는 점을 말해주는 것으로 4세기 중엽 이후 백제 중앙세력의 지방 역할뿐만이 아니라 지방의 문화 변천을 이해하는 데 있어 중요한 단서를 제공하고 있다.

광구단경호는 짧게 곧추선 넓은 입에 발달된 어깨를 가진 납작바닥토기를 말하며 몸통에 요철선이 있는 것과 없는 것으로 나눌 수 있다. 이 토기는 성립기 백제토기의 신기종으로 백제측 정치 엘리트 집단의 위신재威信材로 중국 요녕지방遼寧地方에서 선별 수용된 것으로 보고 있다.[36] 광구단경호가 대체로 낙랑고분의 주요 부장품인 배부른 단지와 유사한 면이 있고, 풍납토성 가-2호 집

---

[35] 김승옥·이보람·변희섭·이승태, 2010, 『上雲里 Ⅲ』, 전북대학교박물관.

[36] 박순발, 1999, 「漢城百濟의 對外關係」『百濟硏究』 30, 충남대학교 백제연구소.

삽도 19. 한성시기 광구단경호(①파주 주월리 '96-7호 집터, ②몽촌토성 '87-1호 저장공, ③용인수지 I-2 집터, ④몽촌토성 '89연못 유구, ⑤군산 산월리 7호 무덤)

터 출토품에서 보이는 바와 같이 몸통과 바닥 사이를 예새로 깎는 기법은 서북한지역의 납작바닥토기에서 일반적으로 확인되는 등 낙랑토기와의 연관성이 상정되고 있다.[37]

광구단경호는 풍납토성 경당지구 101호 유구와 파주 주월리 '96-7호 집터 출토품을 보면 어깨에 요철선이 없는 것이 시기가 빠르다. 이러한 형태는 한성 I기로부터 지속되고 있지만 한성 II기에는 몽촌토성 '87-1호 저장공, 용인수지 I-2 집터 및 풍납토성 토기산

---

[37] 신종국, 2002, 『백제토기의 형성과 변천과정에 대한 연구』, 성균관대학교석사학위논문.

포유구 출토품을 통해 볼 때 몸통의 어깨에 요철선이 만들어지기 시작한다. 한성 Ⅲ기가 되면 몸통의 요철선은 몸통 전체에 나타나며, 풍납토성 가-동쪽트렌치, 몽촌토성 '89연못 유구 출토품을 통하여 알 수 있다. 군산 산월리 7호 무덤에서는 몸통에 요철선이 없는 것도 있지만 한성 Ⅲ기의 특징을 잘 보여주는 것이 공반되어 5세기 중엽 경에는 금강유역을 넘어 남진하는 것으로 보인다.

직구호는 풍만한 몸통에 짧고 곧은 목을 가진 형태를 말한다. 직구호는 크게 2종류로 나눌 수 있는데, 하나는 몸통의 어깨부분이 발달하고 바닥이 납작한 것인데 직구광견호 혹은 직구유견호라고도 하며[38], 다른 하나는 몸통이 둥글게 되어 있는 것으로 직구단경호라고 부른다. 이 두 기종은 유사하게 보이며 직구광견호의 경우는 흑색마연이 있는 것을 주로 지칭하기도 한다.

직구광견호는 한성 Ⅰ~Ⅲ기의 유적에서 발견된다. 직구광견호의 표면에는 흑색으로 마연하여 반짝반짝하게 윤이 나도록 하였는데 어깨에 문양대가 있는 것이 많다. 어깨의 문양대는 상하 1줄씩 음각선을 두르거나 상하에 2줄씩 거치문을 배치하여 무늬의 시문 범위를 정하고 그 사이에 빗금무늬를 서로 교차하여 구성하는 것이 일반적이다. 천안 화성리 A-2호 토광묘 출토품은 거치문 사이에 음각선을 2단으로 긋고 사이사이에 빗금무늬를 시문하였다. 해미 기지리 Ⅱ-27호 분구묘에서 수습된 직구광견호에는 어깨의 문양대 밑에 일부분이긴 하지만 또 다른 빗금무늬가 그려져 있는 예도 있다.

직구광견호는 풍납토성, 석촌동 3호분 동쪽, 가락동 2호 무덤,

---

[38] 한지선·소재윤·신종국, 2011, 「한성지역 백제토기 분류표준화 방안의 모색」 『백제학보』 제5호, 백제학회.

삽도 20. 한성시기 흑색마연 직구광견호(①가락동 2호분, ②천안 화성리 B-1호 토광묘, ③천안 용원리 72호 토광묘, ④서산 부장리 8호 분구묘, ⑤해미 기지리 II-27호 분구묘, ⑥공주 금학동 1호 토광묘)

화성 석우리 먹실 6호 집터, 천안 화성리 A-2 및 B-1호·용원리 72호 토광묘, 서산 부장리 8호·기지리 Ⅱ-27호 분구묘,[39] 공주 금학동 1호 토광묘,[40] 함평 예덕리 만가촌 13-3호 목관묘木棺墓(나무널무덤)[41] 등에서 확인되며 한반도 서쪽부분을 통과하여 남쪽으로 내려가고 있어 주목된다. 해미 기지리 유적에서는 7점의 흑색마연토기가 수습되어 단위유적별로 볼 때 가장 많은 양이 발견되었다. 함평 예덕리 만가촌고분군 13-3호 목관묘 출토품은 어깨에 무늬가 없고 가장 늦은 시기의 것으로 볼 수 있으며 해미 기지리 Ⅱ-27호 분구묘에서 수습된 것과 유사하다.

흑색마연 직구광견호의 기원에 대해서는 고구려토기 영향설[42]과, 초기철기시대의 흑도장경호 + 고월자古越磁 문양 + 고구려토기 + 낙랑토기 제 영향설[43], 칠기 영향설[44]이 있다. 이 외에 중국 도자기처럼 해외에서 만들어져 반입된 것으로 보는 견해도 있으나[45] 진천 산수리 '87-7호 가마터와 같이 백제 장인에 의해 만들어진 것이 있어서 앞으로 세밀한 검토가 요구된다.[46]

흑색마연의 직구광견호의 성격에 대해서는 백제 중앙정부가 재

---

[39] 국립공주박물관·충청남도역사문화원, 2006, 『한성에서 웅진으로』.
이남석·이현숙, 2009, 『海美 機池里遺蹟』, 公州大學校博物館.

[40] 유기정·양미옥, 2002, 『공주 금학동 고분군』, 충청매장문화재연구원.

[41] 임영진·조진선·서현주·송공선, 2004, 『함평 예덕리 만가촌고분군』, 전남대학교박물관.

[42] 김원룡, 1986, 『韓國考古學槪說』, 一志社.

[43] 박순발, 1992, 「백제토기의 형성과정」『백제연구』제23집, 충남대학교 백제연구소.

[44] 朴淳發, 2001, 『漢城百濟의 誕生』, 서경문화사.

[45] 이남석, 2001, 「百濟 黑色磨研土器 硏究」『先史와 古代』16, 한국고대학회.

[46] 최병현·김근완·유기정·김근태, 2006, 『진천 삼용리·산수리 토기 요지군』, 한남대학교중앙박물관.

지 수장층에게
영토확장을 하는
과정에서 나눠준
위신재로 보는
것이 지배적이나
지역별로 형태와
무늬가 정연하지
않고 금강 이북
지방에서도 해미
~천안을 잇는
북쪽에서 출토
예가 많아서 한
정된 지역에 확
산된 토기양식으

삽도 21. 해미 기지리 II-21호 토광묘 출토유물(①직구광견호, ② 용무늬거울, ③금박구슬)

로 볼 수 있다. 그러한 점은 흑색마연의 직구광견호가 서울에서 출현했지만 해미 등 서해안으로 내려오면서 변화가 이루어져 어깨에 무늬가 시문되지 않는 단순한 형태로 만들어졌을 수도 있으며 그것이 함평과 같은 남부지방으로 전파되었을 수도 있다.

흑색마연이 없는 직구광견호는 해미 기지리 II-15·16·21호 토광묘에서도 확인되고 있는데, 특히 21호 토광묘에서는 용무늬거울[四乳䑕龍文鏡], 금박구슬 등 고급유물이 부장되고 있어 피장자의 신분이 상위 계층임을 알 수 있다. 이러한 점은 흑색마연의 직구광견호가 반드시 백제 중앙정부가 재지 수장층에게 위신재로 내려준 것이 아닐 수도 있다는 것을 암시하고 있다.

직구단경호는 풍납토성 경당지구 101호 유구에서 발견된 잔편

삽도 22. 한성시기 직구단경호(①풍납토성 가-2호 집터, ②석촌동 3호분 동쪽 9호 토광묘, ③공주 수촌리 Ⅱ-4호 석실분, ④화성 마하리 21호 석곽묘, ⑤중국 청자관, ⑥화성 석우리 먹실 16호 집터, ⑦분강·저석리 16호 석실분 주변, ⑧연산 표정리, ⑨청주 가경 1구역 13호 토광묘)

	호류							고배		개배	삼족토기		시루	장란형 토기	심발형 토기	완	기		병류				파수부잔	조족문토기
	대형단경호	중형단경호	쌍호	광구장경호	광구단경호	직구광견호	직구단경호	무개식	유개식		유개식	무개식					고배형	장고형	단경병	횡병	유공횡병	배부병		

한성 I기 / 한성 II기 / 한성 III기

1·8·21·33·93·102·103.서울 풍납토성 경당지구 101호 유구, 2.고창 만동 8호묘 1호, 3·9·22·34·80·86·94.서울 풍납토성 현대연합주택 가-2호 집터, 4·10·3·39·81·87.파주 주월리 '96-7호 집터, 5·115.포천 자작리 2호 집터, 6·15·17·24·25·40·44·49·53·(절단)·64·75·83·97·108·113·123.서울 몽촌토성, 7·26·37·48·61·70·78·79·107·110·114.서울 풍납토성 경당지구 9호 유구, 11·25·51·52·96.서울 석촌동 3호분 동쪽 대형 토광묘, 12.하남 미사리 숭B-2호 집터, 13.화성 마하리 5호 석곽묘, 14·41·46·67·117·121·135.이천 설성산성, 16.대전 용산동 2지구 2호 토광묘, 18.서울 석촌동 3호분 동쪽 10호 토광묘, 19.서산 부장리 분구묘, 20·27·5·62·71·72·122.군산 산월리 8호 석실분, 28.서울 가락동 2호분, 29.해미 기지리 II-27호 분구묘, 30.천안 용원리 72호 토광묘, 31·99.천안 화성리 B-1호 토광묘, 32.공주 금학동 1호 토광묘, 35.화성 마하리 21호 석곽묘, 36·84.화성 석우리 먹실 16호 집터, 38.서울 석촌동 즙석봉토분, 42.화성 석우리 97호 수혈, 43.연산 모촌리 2호 석곽묘, 45.황해도 황주 토성리, 47·68.용인 수지, 54.서울 몽촌토성 '85-3 저장공, 55.진천 산수리 '87-1호 가마터, 56·66·98·105.청주 신봉동 '90B-1호 토광묘, 57.담양 성산리 4호 집터, 58.부여 논치, 59.영암 내동리 옹관, 60.승주 대곡리 한실B-1호 집터, 65·76·77.서울 몽촌토성 2호 토광, 69·89.홍성 신금성, 73·74·109·112·116.서울 풍납토성, 82.하남 미사리 고-32호 집터, 85.화성 석우리 먹실 24호 수혈, 88·133.하남 미사리 고-26호 집터, 90.대전 노은동 월드컵 부지, 91.금산 수당리 3호 집터, 92·100·101.화성 석우리 먹실 106호 수혈, 95.화성 마하리 2호 석곽묘, 104.서울 석촌동 4호 토광묘, 106.대전 용산동 1호 토광묘, 111.연산 신흥리 1호 무덤, 118.서울 석촌동 11호 토광묘, 119.진천 산수리 '87-7호 가마터, 120.서산 부장리 분구묘, 124.의왕 부곡리, 125.서천 봉선리, 126.영암 만수리, 127.고창 봉덕리, 128.천안 용원리 C지구 석곽묘, 129.청원 주성리 2호 석곽묘, 130.청(원) 가경 4지구 1구역 2호 토광묘, 131.청주 신봉동 '92-94호 토광묘, 132.부안 죽막동 제사유적, 134.연기 와촌리, 136.대전 오정동

이 알려지면서 직구광견호와 마찬가지로 성립기 백제토기로 보는 견해가 있고,⁴⁷ 한성 Ⅰ기에 해당하는 풍납토성 가-2호 집터 등에서 발견되고 있는데, 대체로 직구광견호보다 약간 늦게 출현하는 것으로 본다.

직구단경호는 백제 전 기간을 통하여 널리 통용된 기종으로 몸통의 어깨에 요철선이 장식되고, 그 사이에 물결무늬가 그려진 것이 많다. 한성 Ⅱ기 이후에는 대체로 몸통이 둥근 것이 사용되지만 어깨가 발전하여 편구형화된 것이 공주 수촌리 Ⅱ-4호 석실분에서 발견되었다. 석촌동 3호분 동쪽 9호 토광묘, 화성 마하리 21호 석곽묘 출토품은 몸통이 편구형의 형태를 하고 있다.

직구단경호의 기원에 대해서는 중국 청자관靑磁罐의 영향으로 보는 견해가 우세하며,⁴⁸ 중국 한나라 이래로 서진까지 전통이 이어지고 있는 동북지방의 직구호를 동이교위부東夷校尉府와 통교를 하면서 백제가 수용한 것으로 보는 연구도 있다.⁴⁹

소형 직구단경호 중에는 바닥에 다리 3개를 부착한 삼족호三足壺가 있다. 단경호의 몸통에 다리 3개를 부착한 것은 낙랑토기에 있고 원삼국시대에 해당하는 부여 초촌 출토 이중구연토기에 적용되었다. 그러던 것이 한성 Ⅱ~Ⅲ기에 화성 먹실 16호 집터, 분강·저

---

⁴⁷ 권오영·한지선, 2005, 『풍납토성Ⅵ』, 국립문화재연구소·한신대학교박물관.

⁴⁸ 李明燁, 2003, 「백제토기의 성립과 발전과정에 나타난 중국 도자기의 영향」, 한신大學校大學院.
한지선, 2005, 「백제토기 성립기 양상에 대한 재검토」『백제연구』 제41집, 충남대학교 백제연구소.
韋正, 2010, 「한국출토 전문도기 년대에 관한 몇 가지 고찰」『경남의 가야고분과 동아시아』, 경남발전연구원역사문화센터 제2회 한·중·일 국제학술대회 발표요지문.

⁴⁹ 박순발, 2006, 『백제토기 탐구』, 주류성.

석리 16호 석실분 주변, 연산 표정리 등 백제 중앙이 아닌 지방에서 만들어 사용하였다.[50] 한편 청주 가경 1구역 12호 토광묘에서 확인된 소형직구호의 어깨에는 횡으로 3개의 소원공을 뚫고 바깥에 귀때를 붙였던 것이 확인되었는데 다기茶器로 추정된다.[51]

② 고배高杯

고배는 접시모양의 몸통에 굽이 달려 있는 것으로 크게 뚜껑이 있는 유개식과 그렇지 않은 무개식으로 나뉜다. 무개식은 입술이 곧추선 형태만 확인되고 있으나 몸통 바닥이 좁은 것과 넓은 것으로 나눌 수 있다. 유개식은 몸통과 어깨의 형태에 몇 개의 형식으로 세분된다. 유개식보다 무개식이 시기가 앞선다.

무개식은 한성 I기로 알려진 석촌동 즙석봉토분葺石封土墳(무덤 표면에 돌을 깔은 것)에서 2점이 발견되었는데, 한 점은 흑색마연한 것이고 다른 한 점은 마연이 되어 있지 않은 것이다. 흑색마연의 무개식은 화성 석우리 먹실 97호 수혈에서도 발견되었다. 파주 주월리 '96-7호 집터, 몽촌토성에서 발견된 무개식은 몸통의 바닥이 넓은 완의 형태를 하고 있다. 무개식은 수량이 많지 않으며 고분의 부장품으로 먼저 사용되었다. 무개식은 한성 III기가 되면 잘 보이지 않으나 이천 설성산성 나c확-3트렌치 1호 토광에서 유개식과 함께 발견된 예가 있다.[52] 풍납토성 경당지구 1호 유구(폐기장)에서 수습된 무개식은 영산강유역과의 교류에 의해 유입된 것으로 보고 있다.[53]

---

[50] 화성 먹실 16호 집터 출토품은 몸통의 어깨에 구멍이 있어 유공호로 볼 수 있지만 소형 직구 단경호의 범주에 넣었다.

[51] 차용걸·노병식·박중균·한선경, 2002, 『淸州 佳景 4地區 遺蹟(I)』, 충북대학교박물관.

삽도 23. 한성시기 고배(①·②석촌동 즙석봉토분, ③화성 석우리 먹실 97호 수혈, ④몽촌토성, ⑤이천 설성산성 나c확-3트렌치 1호 토광, ⑥풍납토성 경당지구 1호 유구, ⑦풍납토성 경당지구 9호 유구 하층, ⑧몽촌토성 10호 저장고, ⑨황해도 황주 토성리, ⑩하남 미사리 6호 저장공, ⑪용인 수지, ⑫연산 모촌리 2호 석곽묘)

---

52 방유리, 2007, 「이천 설성산성 출토 백제 고배 연구」『문화사학』 27호.

53 권오영, 2002, 「풍납토성 출토 외래유물에 대한 검토」『백제연구』 제36집, 충남대학교 백제연구소.

유개식은 한성 Ⅰ기의 유적에서는 보이지 않고 한성 Ⅱ기에 처음 등장하는 기종으로서 일상생활유적에서 먼저 나타난다. 풍납토성 경당지구 9호 유구 하층, 몽촌토성 10호 저장고, 용인 수지유적에서 발견되었다. 이 시기 고배는 굽이 낮은 것이 특징이다. 유개식의 출현은 중국 강소성 홍주가마(洪州窯)출토 동진東晉대 청자 두豆와 관련되어 있으며 황해도 황주 토성리 출토 유개식은 한성 Ⅱ기에 전파된 것으로 보고 있다.[54] 한성 Ⅲ기에는 몸통과 굽의 변화에 따라 7개의 형식으로 나뉜다.[55] 몽촌토성에서 어깨의 형태가 다양하게 확인되고 동지역 서남지구에서 확인된 형식 중에는 몸통과 다리 사이에 원형 투공이 나타나고 있다. 이러한 원형 투공은 금강유역에서는 연산 표정리 수습품·모촌리 2호 석곽묘에서도 확인되어 백제 고배의 특징으로 알려지고 있다.[56] 또한 연산 표정리 출토품 중에는 다리 하부가 단이 지는 형태도 나타나고, 하남 미사리 6호 저장공에서는 다리 하부의 끝이 들어올려지는 형태도 등장한다. 한편 이천 설성산성에서 나온 유개식은 다양하지만 다리에 원형 투공이 있는 것은 없다. 이천 설성산성 나c확-3트렌치 1호 토광에서는 고배 5점이 차곡차곡 쌓여 있었던 것이 넘어져 있었는데, 당시 생산지에서 5점을 묶어 유통했던 단위일 가능성이 높다.

③ 개배蓋杯

개배는 접시모양의 몸통과 그것을 덮는 납작한 모습의 뚜껑으로

---

[54] 權五榮, 2011, 「漢城百濟의 時間的 上限과 下限」, 『백제연구』 제53집, 충남대학교 백제연구소.

[55] 土田純子, 2004, 『百濟 土器의 編年 硏究』, 忠南大學校 大學院 碩士學位論文.

[56] 윤무병, 1979, 「연산지방 백제토기 연구」, 『백제연구』 제10집, 충남대학교 백제연구소.

이루어져 있다. 밑바닥의 형태에 따라 납작바닥과 둥근바닥으로 나눌 수 있고, 입의 형태에 따라 곧추선 것, 안으로 들어간 것, 안으로 들어간 후 다시 입술이 곧추선 것으로 세분된다. 어깨의 형태에 따라서는 둥근 것, 뾰족한 것, 깎아내어 각이 진 것으로 나누어진다.[57] 개배는 둥근바닥보다는 납작바닥이 빠른 시기 유적에서 발견되고, 입의 형태는 곧추선 것이 앞선다. 어깨는 둥근 것 → 뾰족한 것 → 깎아내어 각이 진 것의 순서로 나타난다.

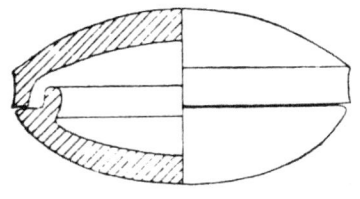

삽도 24. 중국 연하도 출토 개배

한강유역에서 발견되고 있는 개배의 형태는 중국 연하도燕下都에서 발견된 것과 같은 기종의 직접 수용도 생각해볼 수 있으나 한강유역의 고배, 삼족토기의 배신杯身(몸통) 형태와 관련하여 매우 흡사한 형태를 띠고 있으므로 개배는 한강유역에서 백제식으로 발전시켜 개발되었을 수도 있다. 개배는 한성 I기의 유적에서는 찾아볼 수 없다. 한성 II기가 되어야 풍납토성 경당지구 N3E1·몽촌토성 '85-3호 저장공·석촌동 '86-6호 토광묘 등에서 소수가 확인된다. 그리고 진천 산수리 '87-1호 가마터에서도 초보적인 난계의 개배가 생산되어 청주 신봉동 고분군과 같은 인근지역에 공급되었다.

개배는 한성 III기가 되면 백제의 영토 확장과 더불어 남부지방으로 전개되고, 부여 논치, 영암 내동리 옹관, 광주 향등 6호 집터, 보성강 유역의 승주 대곡리 한실B-1호 집터에서 비슷한 것이

---

[57] 김종만, 2002, 「百濟 蓋杯의 樣相과 變遷」『考古學誌』13집, 한국고고미술연구소.

삽도 25. 한성시기 개배(①몽촌토성 '85-3호 저장공, ②석촌동 '86-6호 토광묘, ③진천 산수리 '87-1호 가마터, ④부여 논치, ⑤영암 내동리 옹관, ⑥광주 향등 6호 집터, ⑦승주 대곡리 한실 B-1호 집터, ⑧청주 신봉동 '90B-1호 토광묘, ⑨담양 성산리 4호 집터)

발견되었는데, 몸통과 밑바닥과의 사이는 한대토기漢代土器의 영향으로 나타난 깎기조정이 남아 있다. 이러한 형태에 변화가 나타나기 시작한 것은 청주 신봉동 '90B-1호 토광묘 출토품에서 볼 수 있다. 즉, 개배의 형태는 이전 시기와 비슷하나 입술 부분이 높게 만들어지고 바닥과 몸통과의 사이를 정지깎기에서 회전깎기로 정면하며 회전물손질에 의한 제작기술이 가미된다. 그리고 금강 이남의 익산 입점리 석실분 출토품을 보면 입술이 곡선으로 처리되고 뚜껑받이 턱은 돌출되어 뾰족하며 바닥은 좁고 납작해진다. 영산강 유역에서는 담양 성산리 4호 집터 출토품이 가장 빠른 한성 Ⅲ기에 해당되는데 몸통이 완과 같으며, 짧은 입술은 안으로 숙여지고 돌출한 뚜껑받이 턱에 바닥은 넓고 편평하다.

한편 청주 신봉동 '90B-1호 토광묘에서 발견된 개배의 뚜껑에는 주칠朱漆로 쓴 '십十'자 글씨가 있다. 이 주칠 개배는 일본의 산인지방(山陰地方)과 긴끼지방(近畿地方)에서 발견되고 있는 '십十', '사卅'자 주칠 개배와 관련이 있는 것으로 추측된다.[58] 한일 간 주칠 개배의 영향관계는 아직 명확한 결론을 내릴 수 없지만 시기적으로는 청주 신봉동 '90B-1호 토광묘 출토품이 5세기 중엽 경으로 가장 빠른 것이어서 백제지역에서 일본으로 건너간 것을 짐작해볼 수 있다. 아직 학계에서는 청주 신봉동 '90B-1호 토광묘 출토 주칠개배를 스에끼계(須惠器系)[59]로 분류하고 있는데 이는 앞으로 풀어야 할 과제이다.[60]

---

[58] 谷本進, 1988,「漆記號を施した須惠器と鎭魂儀禮」『但馬考古學』第5集, 但馬考古學硏究會.

[59] 酒井淸治, 1993,「韓國出土の須惠器類似品」『古文化談叢』30집, 九州古文化硏究會.
木下亘, 2003,「韓半島出土 須惠器(系) 土器에 대하여」『百濟硏究』제37집, 충남대학교 백제연구소.

④ 삼족토기三足土器

삼족토기는 대체로 접시나 사발 모양의 몸통 밑바닥에 등간격으로 3개의 다리를 부착한 것을 말한다. 백제토기의 상징처럼 인식될 정도로 백제의 고유한 기종이다. 삼족토기는 반형盤形, 배형杯形, 완형盌形으로 나눌 수 있다.[61] 이들은 뚜껑이 있는 유개식, 뚜껑이 없는 무개식으로 나뉜다.[62] 또한 입술부의 하단에 뚜껑받이 턱이 돌기 형태로 나온 것, 둥근 것, 뚜껑받이 턱이 좁아지고 수평을 이루거나 패인 형태로 된 것으로 분류할 수 있다. 유개식은 꼭지가 있는 유뉴식, 꼭지가 없는 무뉴식으로 나뉘고, 유뉴식은 보주형寶珠形(연꽃 봉오리 모양), 단추형 등으로 다시 세분된다. 삼족토기는 신기종으로 그 출현에 대해서는 여러 학설이 있다. 처음 한강유역에 나타나는 형태는 진대晉代에 유행하던 청동제의 반류와 같은 금속기를 모방한 반형이 이른 시기에 출현한 것으로 보는 것이 일반적인 경향이지만,[63] 풍납토성 경당 31호 유구의 예를 통해 반형보다 배형의 출현이 앞섰을 가능성도 제기되고 있다.[64]

삼족토기는 한성 Ⅱ기 말에 처음 등장하였을 것으로 보이는 기종으로 하남 미사리 숭B-2호 집터, 용인 수지, 몽촌토성에서 확인된다. 유개식은 보주형 꼭지가 있는 것이 많이 발견되고, 어깨

---

[60] 김종만, 2008, 「日本出土 百濟系土器の硏究」, 『朝鮮古代硏究』 第9号, 日本朝鮮古代硏究刊行會.
[61] 김종만, 2007, 『백제토기의 신연구』, 서경.
[62] 土田純子, 2004, 「百濟 土器의 編年 硏究」, 忠南大學校大學院碩士學位論文.
姜元杓, 2004, 「百濟 三足土器의 擴散·消滅 過程에 대한 一考察」, 『湖西考古學』 第10輯, 湖西考古學會.
[63] 박순발, 1998, 「백제 국가의 형성 연구」, 서울대학교대학원박사학위논문.
[64] 권오영, 2011, 「漢城百濟의 時間的 上限과 下限」, 『百濟硏究』 제53집, 충남대학교 백제연구소.

삽도 26. 한성시기 삼족토기(①풍납토성 경당지구 9호 유구, ②하남 미사리 숭B-2호 집터, ③용인 수지, ④몽촌토성, ⑤서산 부장리 4-2호 분구묘, ⑥홍성 신금성, ⑦청주 신봉동 '90B-1호 토광묘, ⑧공주 수촌리 II-5호 석곽분, ⑨익산 웅포리 '92-7호 석실분)

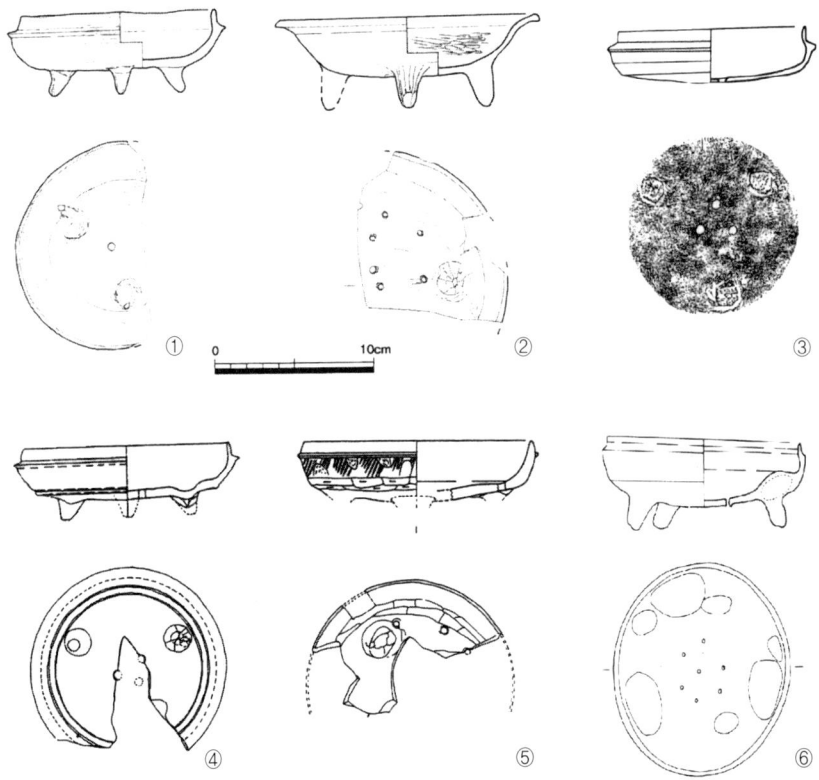

삽도 27. 내부에 원공이 있는 삼족토기 실측도(①풍납토성 경당지구 3구역 상층, ②풍납토성 경당지구 5구역 상층, ③군산 산월리 8호 석실분, ④몽촌토성, ⑤화성 당하리 Ⅱ유적, ⑥합천 창리 A 제80-e호 무덤)

 의 형태는 뚜껑받이 턱이 돌기 형태로 나온 것과 턱이 좁아지고 수평을 이루거나 패인 형태로 된 것이 주종을 이룬다.
 한성 Ⅲ기는 반형보다 배형이 많이 만들어지며 소성도 또한 경질토기로 변화한다. 배형은 백제가 남쪽지방을 영역화하는 과정에서 확산된다. 몽촌토성에서 발견된 완형과 비슷한 형태가 서산 부장리 4-2호 분구묘, 홍성 신금성, 청주 신봉동 '90B-1호 토광묘 등 충청도지방에서 유행하였다. 공주 수촌리 Ⅱ-5호 석곽분 출토품은 배형으로 지금까지 발견된 것 중 가장 크고 특색이 있는 것이며 몸통의 표면에 격자문이 타날되어 있고, 다리는 아래가 바라진 형태로 뭉툭하게 만들었다. 공주 수촌리 Ⅱ-5호 석곽분 출토품과 유사한 것이 연기 송원리 10지구 KM-060호 토광묘에서 확인되었다. 그리고 이러한 형태는 완주 배매산성에서도 발견되어 웅진시기까지 연결되고 있다. 금강 이남의 군산 산월리 8호 석실분에서 발견된 배형은 바닥에 소원공이 있는데, 몽촌토성 출토품과 제일 유사하다. 삼족토기의 바닥에 소원공이 있는 것은 풍납토성 경당지구 3구역 및 5구역 상층, 화성 당하리 Ⅱ유적에서도 발견되어 백제 중앙양식 토기임을 알 수 있고, 합천 창리 A 제80-e호 무덤에서도 수습되어[65] 양 지역 간의 교류를 살펴볼 수 있는 중요한 자료이다. 시기가 내려가는 것이기는 하지만 사비 Ⅰ기에 해당하는 부여 군수리에서도 발견되어 백제시대를 통하여 줄곧 만들어졌음을 알 수 있다. 그리고 군산 산월리 7호 석실분에서 발견된 것은 몸통의 어깨가 둥글어지고 다리의 아랫부분이 바깥으로 바라지는 초기 형태이다.

⑤ 시루

시루는 둥글거나 편평한 바닥에 증기공蒸氣孔(구멍)을 뚫어 밑에서 올라오는 증기를 이용하여 곡식을 쪄먹는 취사용기로 집터에서 확인된다. 시루는 백제 이전 시기부터 만들어 사용했는데, 바닥의 형태에 따라 둥근 것, 납작한 것이 있다. 다시 바닥에 있는 증기공의 형태에 따라 원형, 반원형, 삼각형, 원공+반원형으로 나눌 수 있다. 바닥에 있는 구멍이 원형인 것은 원공의 크기에 따라 소원

---

[65] 沈奉謹, 1987, 『陜川 倉里古墳群』, 東亞大學校 博物館.

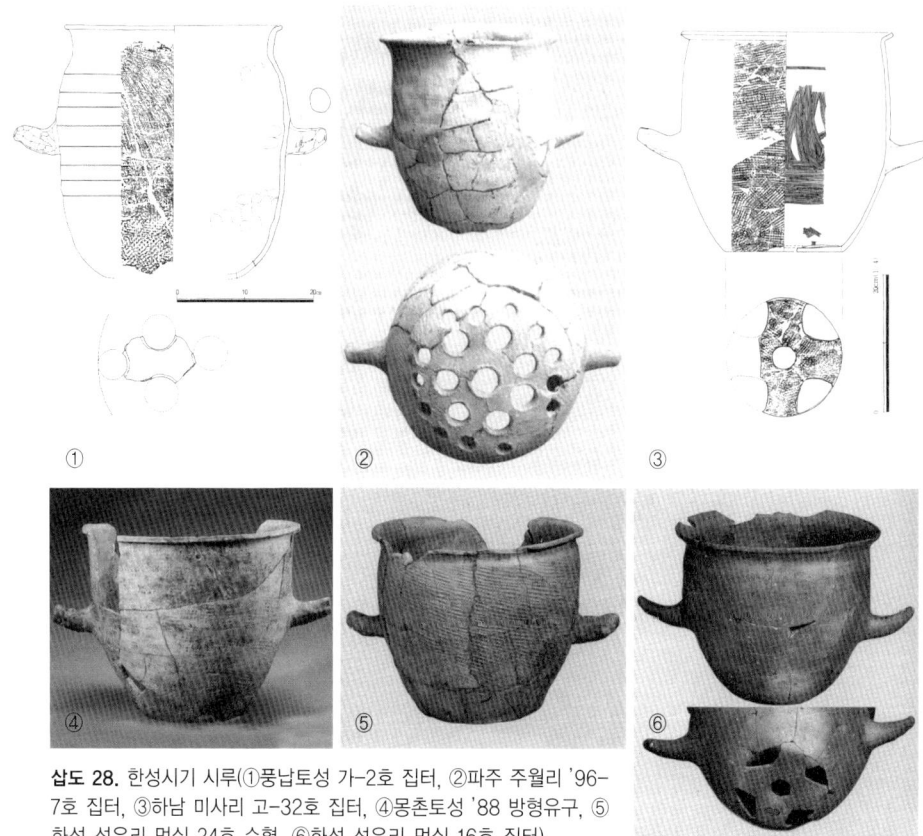

삽도 28. 한성시기 시루(①풍납토성 가-2호 집터, ②파주 주월리 '96-7호 집터, ③하남 미사리 고-32호 집터, ④몽촌토성 '88 방형유구, ⑤화성 석우리 먹실 24호 수혈, ⑥화성 석우리 먹실 16호 집터)

공과 대원공으로 세분할 수 있다.[66]

한성시기의 시루는 바닥에 증기공이 있으며 몸통은 위로 갈수록 약간씩 바라지는 원통형에 납작바닥이 주를 이룬다. 한성 Ⅰ기를 대표하는 시루는 풍납토성 가-2호 집터, 파주 주월리 '96-7호

---

[66] 오후배, 2003『우리나라 시루의 고고학적 연구』, 단국대학교대학원 석사학위논문.
박경신, 2003,「한반도 중부 이남지방 토기 시루의 성립과 전개」, 숭실대학교대학원 석사학위논문.

집터 출토품이 있다. 한성 Ⅱ기부터는 바닥이 납작하게 변하고 증기공도 원공+반원형으로 바뀐다. 그리고 시루의 형태는 윗부분이 넓고 밑부분이 좁은 상광하저上廣下低의 역사다리 모양이 되는데, 하남 미사리 고-32호 집터, 몽촌토성 '88 방형유구, 홍성 신금성[67], 화성 석우리 먹실 24호 수혈·16호 집터 출토품[68] 등이 있다. 한성 Ⅲ기는 풍납토성 경당지구 9호 유구에서 발견된 것이 대표적인데 몸통이 좀 더 커지고 위로 올라갈수록 바라지며 바닥에는 중앙에 원형구멍을 두고 주변에 반원형의 구멍을 배치한 것이다.

⑥ 장란형토기長卵形土器

장란형토기는 짧게 바라진 입, 긴 몸통에 둥근바닥을 하고 있으며, 계란의 윗부분을 자른 모양이다. 장란형토기는 소성할 때 가마 안에서 산소와의 접촉이 이루어져 적갈색연질을 띠며 모래가 많이 섞여 있는 점토를 이용하여 만들었는데 이것은 불에 직접적으로 닿을 때 열이 잘 흡수될 수 있도록 하기 위한 것이다. 장란형토기는 시루와 세트를 이루는 취사용기로 물을 담아 증기를 내뿜는 솥의 역할을 담당했다.

장란형토기는 경질무문토기가 소멸되는 과정에서 타날문토기의 한 기종으로 등장하여 서해안을 따라 남부지방까지 발견된다. 장란형토기와 심발형토기는 공반하는 경우가 많아 동시 출현일 가능성이 높다. 그러나 장란형토기가 약간 후행하는 것으로 보는 견해도 있으며,[69] 선후를 확인할 수 있는 유적이 드물고 두 토기가 오

---

[67] 충남대학교 박물관, 1994『神衿城』.
[68] 畿甸文化財硏究院, 2007『華城 石隅里 먹실遺蹟』.

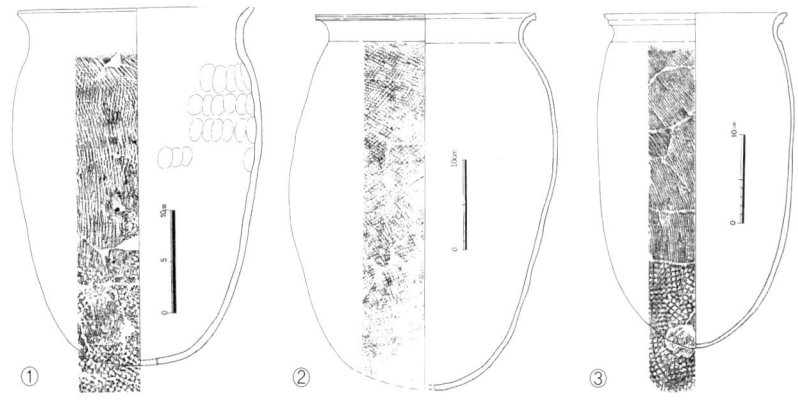

삽도 29. 한성시기 장란형토기(①서울 풍납토성 Ⅰ-토기가마, ②대전 노은동 월드컵 경기부지, ③홍성 신금성 1호 저장고, ④ 금산 수당리 3호 집터)

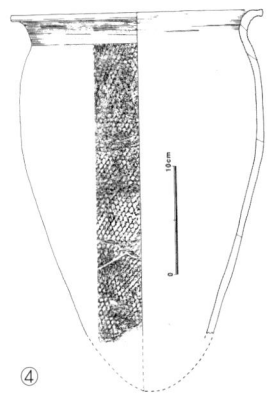

랫동안 세트 관계를 유지해 오고 있는 점이 중부지방과 중서부지방에서 공통적으로 확인되는 바 그 유입 시기에 대한 선후차를 고려하는 것은 곤란하다는 견해가 우세하다.[70]

장란형토기 입술 부분의 형태적 변화 양상은 심발형토기와 매우 유사하다. 그 이유는 심발형토기와 함께 오랜 기간 동안 보편적으로 사용된 기종이기 때문에 강한 전통성으로 인하여 기술상이나 형태상으로 변화의 폭이 적기 때문으로 여겨진다. 장란형토기는 입술 부분의 형태에 따라 둥근 것, 입술

---

[69] 신종국, 2002, 『백제토기의 형성과 변천과정에 대한 연구』, 성균관대학교 석사학위논문.
[70] 한지선, 2005, 「백제토기 성립기 양상에 대한 재검토」『백제연구』 제41집, 충남대학교 백제연구소.

중간에 홈이 있는 것, 입술 하단이 아래로 발달한 것으로 나눌 수 있고 각각의 형식은 표면에 남아 있는 문양에 따라 승문계, 격자문계, 평행선문계로 세분할 수 있다.

한성 I기에는 원삼국시대 장란형토기의 영향으로 모든 형식이 확인되고 있는데, 백제가 위치하고 있었던 서울지역에는 몸통이 크고 바닥 면적이 넓어지며 몸통에 승문이 타날된 것이 시기가 내려갈수록 우세하게 나타난다. 한성 II기에는 입술 중간에 홈이 돌아가면서 몸통에 승문이 타날된 형식이 새로 나타나고 있으며 이 시기의 마지막쯤에는 몸통에 격자문이 타날된 것이 소멸하기 시작한다. 서울 풍납토성 I-토기가마 출토품이 이에 해당한다. 한성 III기의 장란형토기는 대전 노은동 월드컵 경기장부지, 금산 수당리 3호 집터 등의 유적에서 발견되는데,[71] 서울, 포천지역에서 확인되는 밑바닥이 넓적하게 변하는 형태는 잘 발견되지 않고 입만 넓어지고 있어 지방에서는 원삼국시대 이래의 전통이 많이 반영되고 있음을 알 수 있다.

⑦ 심발형토기深鉢形土器

심발형토기는 납작바닥에 내부가 깊으며 입술이 바라지고 몸통에 타날문이 있는 것을 말한다. 이 토기는 장란형토기와 마찬가지로 적갈색연질로 제작되는 오랜 전통을 보이는 것으로 원삼국시대 경질무문토기의 변형기종으로 알려지고 있다.[72] 이 토기는 입술의 형

---

[71] 정종태, 2001,「호서지역 장란형토기의 변천양상」『호서고고학』제9집, 호서고고학회.
[72] 박순발, 2001「심발형토기고」『호서고고학』제4·5합집, 호서고고학회.
이선복·김성남, 2000『화성 당하리 I 유적』서울대학교·숭실대학교박물관.

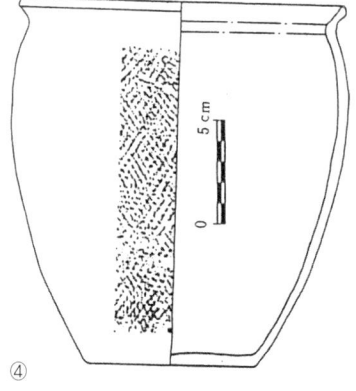

삽도 30. 한성시기 심발형토기(①풍납토성 현대연합주택 가-2호 집터, ②원주 법천리 수습보고 2호 무덤, ③화성 마하리 2호 무덤, ④승주 대곡리 도롱 15호 집터, ⑤청주 신봉동 '90B-1호 토광묘)

태에 따라 둥근 것, 사각으로 자른 것, 입술의 윗면을 수평으로 조정한 것, 입술 중앙에 요면凹面이 있는 것, 입술의 아래가 밑으로 삐친 것 등이 있다. 그리고 목의 형태에 따라 목이 없는 무경식無頸式, 목이 있는 유경식有頸式으로 나눌 수 있다. 몸통에 있는 무늬에 따라 승문, 승문+횡침선, 승문+격자문, 승문+격자문+횡침선, 격자문, 격자문+횡침선, 집선문, 집선문+횡침선, 무문으로 세분된다.

한성 I기는 입술의 단면이 둥글며 입술의 윗면을 수평으로 조정하고 목이 없는 형식이면서 몸통의 무늬가 승문+격자문, 승문+횡침선인 것이 가장 이른 시기에 나타나는 것으로 풍납토성 경당지구 101호 유구·현대 연합주택 가-2호 집터에서 확인된다. 파주 주월리 '96-7호 집터에서는 유경식이 출현한다. 한성 II기는 한성 I기와 마찬가지로 몸통에 승문+횡침선이 타날된 것이 사용되면서 원주 법천리 수습보고 2호 무덤 출토품처럼 승문이 타날된 것과 다소간 공반하는 단계에 있다가 점차 승문이 보이지 않는다. 석촌동 3호분 동쪽 11호 무덤에서 확인된 입술의 단면이 사각인 것도 있다. 청주 신봉동고분군, 천안 용원리고분군에서는 몸통에 승문이 타날된 것과 격자문이 있는 것이 공존한다. 몸통에 격자문이 타날된 것은 한강유역보다는 이남지역에서 많이 발견되고 있는데 원삼국시대 이래의 전통이 강하게 반영된 것이다. 호남지방의 승주 대곡리·낙수리 집터에서는 전통적으로 격자문이 타날되어 있는 것이 많다. 한성 III기는 금강유역을 중심으로 이북과 이남에서 승문이 절대적으로 우세하고, 영산강유역에서도 승문과 격자문이 공반하다가 승문으로 통합된다. 청주 신봉동 '90B-1호 토광묘 출토품은 입술의 중앙에 홈이 있고 목이 없어지며 몸통에는 격자문이 타날되어 있는 것으로 한성 III기 중 말기에 해당한다.

⑧ 완盌

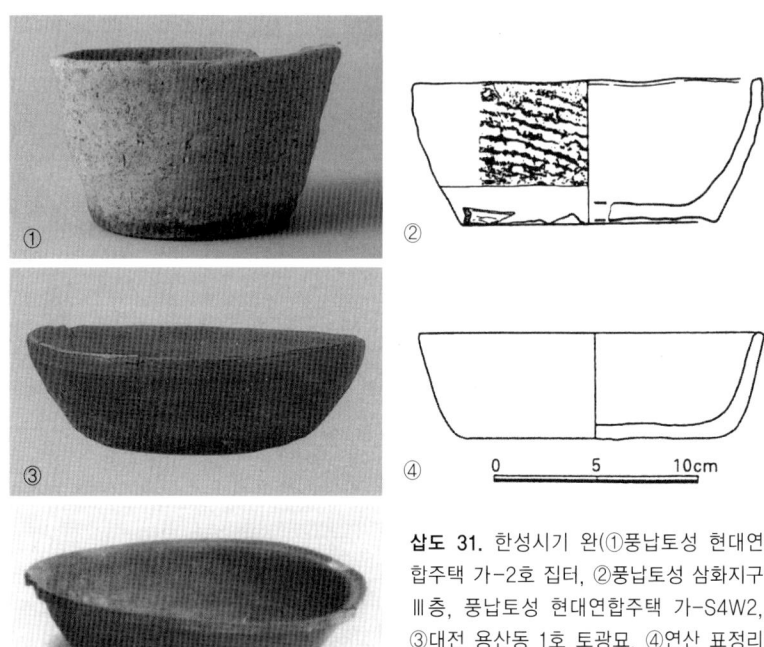

삽도 31. 한성시기 완(①풍납토성 현대연합주택 가-2호 집터, ②풍납토성 삼화지구 Ⅲ층, 풍납토성 현대연합주택 가-S4W2, ③대전 용산동 1호 토광묘, ④연산 표정리 '85-12호 무덤, ⑤청주 신봉동 '90B-1호 토광묘)

완은 일상생활에서 널리 사용된 것으로 배식용기이다. 한성시기의 완은 원삼국시대 이래의 형태가 낙랑토기의 영향을 받아 만들어진다. 완은 굽이 있는 것과 없는 것의 두 가지 형식으로 나눌 수 있다. 각 형식은 입술 부분이 곧추선 것, 바라진 것으로 세분된다. 또 경질보다는 와질이 많다.

한성 Ⅰ기는 풍납토성 경당지구 101호 유구·삼화지구 Ⅲ층과 현대연합주택 가-2호 집터 출토품을 통해 초기의 형태를 엿볼 수 있다. 풍납토성 삼화지구 Ⅲ층 출토품은 원삼국시대 완의 형태에서 굽이 퇴화되는 과정을 보여준다.[73] 한성 Ⅱ기에는 풍납토성 출토품을 볼 때 몸통이 낮아지며, 몽촌토성의 한성 Ⅲ기 유적을 통해서 지속적으로 이어진다. 풍납토성 현대연합주택 가-S4W2에서 수습된 굽 달린 대부완은 정선된 태토에 경질 소성으로 만들어진 것으로 백제시대 대부완 중 가장 빠른 것이다.[74]

한성 Ⅲ기에는 금강유역의 대전 용산동, 연산 표정리, 청주 신봉동, 승주 대곡리 등에서 몸통이 낮아진 형태가 나타나고 있는데, 백제의 영역화 과정과 관련한 것으로 보고 있다.[75]

⑨ 기대器臺

기대는 밑이 둥근 그릇을 올려놓는 받침이며 공헌용기貢獻容器로 알려지고 있는데 균제미가 뛰어난 기종이다.[76] 형태에 따라 고배처럼 생긴 고배형, 윗부분이 나팔처럼 바라지고 받침이 장고 형태를 한 장고형으로 나눌 수 있다.

한성 Ⅰ기는 기대의 출현이 아직 확실치는 않지만 풍납토성 나-7호 집터 출토품 중에 장고형으로 볼 수 있는 편이 있다. 이 기대편은 작은 것에 불과하지만 몸통에 장식이 없고 작은 구멍이 뚫려 있어 이후 나타나는 장고형과는 다른 면을 보여준다. 한성 Ⅱ기는

---

[73] 한지선, 2003, 『토기를 통해서 본 백제고대국가 형성과정 연구』, 중앙대학교대학원 석사학위논문.

[74] 국립문화재연구소, 2001, 『풍납토성Ⅰ』.

[75] 朴淳發·李亨源, 2011, 「原三國~百濟 熊津期 盌의 變遷樣相 및 編年」『百濟研究』第53輯, 충남대학교 백제연구소.

[76] 朴萬植, 1973, 「韓國造形樣式의 均齊狀態에 對한 分析的 研究」『百濟研究』4집, 충남대학교 백제연구소.
徐聲勳, 1980, 「百濟 器台의 研究」『百濟研究』11집, 충남대학교 백제연구소.
松井忠春, 1995, 「韓國의 土器文化에 대하여」『激動의 古代東アジア』, 日本 帝塚山考古學研究所.

삽도 32. 한성시기 기대(①풍납토성 나-7호 집터, ②풍납토성 가-유물포함층 중층(어자문), ③포천 자작리 2호 집터, ④이천 설성산성 나c확-3트렌치 7호 토광, ⑤부안 죽막동 제사유적, ⑥청주 봉명동, ⑦풍납토성 가-유물포함층 중층, ⑧몽촌토성, ⑨공주 수촌리 Ⅱ-4호 무덤, ⑩연산 신흥리 1호 무덤)

장고형이 확실하게 등장하고 있는데, 몸통에 돋을 띠가 나타나고 받침의 형태는 나팔형이다. 풍납토성 가-유물포함층 중하층에서 확인된 장고형이 대표적이다.

한성 Ⅲ기는 장고형이 매우 발전하는 단계로 풍납토성 가-유물 포함층 중층에서 확인된 유물을 통하여 알 수 있다. 장고형은 위에서 밑으로 내려갈수록 바라지는 나팔형으로 변하는데, 돋을 띠가 정형화되고 수직으로 고사리모양의 장식 띠가 부착되기도 한다. 그리고 밀집파상문密集波狀文(물결무늬)과 사격자문斜格子文(빗창살무늬)이 전면에 시문되고 몸통에도 고사리형 장식이 부착되기도 한다. 이러한 형태는 공주 정지산의 웅진 Ⅱ기까지도 연결된다. 또한 풍납토성 출토 장고형 중에는 돋을 띠나 고사리장식이 없이 파상문이 시문되고, 소형의 둥근무늬[魚子文]가 압인된 형태도 있다. 포천 자작리 2호 집터나 이천 설성산성 나c확-3트렌치 7호 토광에서도 장고형이 확인되었으며, 특히 포천 자작리와 같은 형태는 부안 죽막동 제사유적에서도 발견되었다. 청주 봉명동에서는 위, 아래가 나팔형이고 중간 부분이 원형으로 된 장고형도 발견되었다.

한성 Ⅲ기에는 고배형이 등장한다. 고배형은 풍납토성 가-유물 포함층 중층, 동 경당지구 9호 유구에서 몸통편이 확인되었다. 풍납토성 가-유물포함층 출토품은 웅진시기에 잘 보이는 고배형의 몸통과 흡사하고 밀집물결무늬가 시문되어 있다. 몽촌토성에서도 고배형이 발견되었는데, 고사리무늬가 장식된 특징을 갖고 있다. 한성 Ⅲ기 중엽 이후에는 고배형이 급격하게 변하면서 장식이 사라지고 정형화되는데 공주 수촌리 Ⅱ-4호 무덤, 연산 신흥리 1호 무덤 출토품을 들 수 있다.

⑩ 병瓶

병은 물과 같은 액체를 담는 용기이다. 한성시기에 사용된 병은 단경병,[77] 횡병橫瓶(장군), 유공횡병, 배부병杯附瓶이 있다.

한성 Ⅰ·Ⅱ기의 유적에서는 병류가 잘 보이지 않고, 한성 Ⅲ기에 해당하는 몽촌토성 '87-1호 집터와 석촌동 '86-11호 토광에서 단경병이 확인된다. 몽촌토성 출토품은 납작바닥으로 몸통은 원통형이며, 어깨에서 급감된 목과 단순한 입술을 하고 있다. 몽촌토성 출토품과 비슷한 것이 서산 부장리 분구묘에서 확인되고 있어 한성백제의 영토 확장 또는 문화 교섭의 루트를 잘 살펴볼 수 있다. 진천 산수리 '87-7호 가마터에서 수습된 단경병에 대하여 발굴조사자는 4세기 전반기로 편년하고 있어 앞으로 한성 Ⅱ기까지 올라갈 가능성을 열어두고 있다.

한성 Ⅲ기의 단경병은 서산 부장리에서 발견된 것이 있는데, 바라진 입술은 역팔자 모양으로 부착되고 몸통은 둥그렇게 변한다. 횡병은 액체를 넣어 저장하거나 옮기는 데 사용한 것으로 몸통의 형태에 따라 계란형, 몸통의 한쪽 면을 편평하게 한 것, 몸통의 양쪽 면을 편평하게 한 것 등 3가지로 나눌 수 있다. 한강유역을 중심으로 양주 송추, 몽촌토성, 의왕 부곡에서 계란형이 발견되었다. 의왕 부곡 출토품은 어깨의 양쪽에 고리가 있어 특이하다. 계란형은 금강유역의 공주 금학동·산의리, 부여 초촌 응평리, 서천 봉선리[78], 군산 산월리 등 공주의 서쪽 지역에 있는 고분에서 확인된다. 또한 계란형은 부안 죽막동 제사유적에서도 발견되고 있어

77　土田純子, 2005, 「百濟 短頸甁 硏究」『百濟硏究』第42輯, 충남대학교 백제연구소.

78　忠淸南道歷史文化院, 2005, 『舒川 鳳仙里 遺蹟-圖版-』.

삽도 33. 한성시기 병(①몽촌토성 '87-1호 집터, ②석촌동 '86-11호 토광, ③서산 부장리 분구묘, ④진천 산수리 '87-7호 가마터, ⑤양주 송추, ⑥의왕 부곡)

삽도 34. 한성시기 병(①몽촌토성, ②부여 초촌 응평리, ③부안 죽막동 제사유적, ④고창 봉덕리, ⑤영암 만수리, ⑥천안 용원리 C지구 석곽묘, ⑦청원 주성리 2호 석곽묘)

88 백제토기

서해안을 따라 백제 문물의 확산 과정을 살펴볼 수 있는 기종 중 하나이다. 몸통의 한쪽 면만 편평한 것은 천안 두정동을 북쪽 한계로 하여 순천 구산리, 나주 신촌리에서 확인되며 계란형보다는 양이 적다. 계란형과 한쪽 면만 편평한 것은 사용방법이 다른데, 전자는 눕혀서, 후자는 세워서 사용하는 것으로 알려지고 있다.[79]

유공횡병은 몸통의 양쪽 면이 편평한 것으로 고창 봉덕리와 영암 만수리에서 발견되었다. 유공횡병은 영산강유역을 중심으로 확인되며 일본 스에끼 중 타루(樽)와의 관련성을 지적하는 견해가 있다.[80] 배부병은 단경병의 입술부에 접시나 잔을 덧붙인 것을 말한다. 배부병은 청원 주성리 2호 석곽묘,[81] 천안 용원리 C지구 석곽묘 출토품이 있다.

⑪ 기타

이상의 주요 기종 이외에도 접시, 파수부잔, 등잔 등이 있다.

접시는 물건을 담을 수 있는 용기로 부장용보다 일상생활용으로 사용되었다. 한성 Ⅰ기의 유구로 알려진 풍납토성의 현대연합주택 가-2호 집터에서 발견된 굽이 없는 접시는 곧추선 입에 바닥이 납작한 것으로 한성 Ⅱ기~Ⅲ기를 통하여 꾸준히 만들어진다. 홍성 신금성 1·2호 소형수혈에서 수습된 것은 한성 Ⅲ기에 해당한다.[82]

---

[79] 權五榮·韓志仙, 2003, 「儀旺市 一括出土 百濟土器에 대한 관찰」『吉城里土城』, 한신大學校博物館.

[80] 木下 亘, 2003, 「韓半島出土 須惠器(系) 土器에 대하여」『百濟硏究』37집, 충남대학교 백제연구소.

[81] 이 배부병은 이전에 웅진 Ⅰ기로 보았으나 한성 Ⅲ기에 해당하는 것으로 수정하고자 한다.

[82] 忠南大學校博物館, 1994, 『神衿城』.

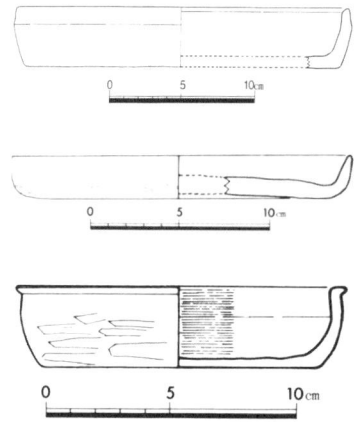

삽도 35. 한성시기 접시(풍납토성 현대연합 주택 가-2호 집터, 홍성 신금성 1호 소형수혈, 홍성 신금성 2호 소형수혈(위부터))

파수부잔은 손잡이가 달려있는 잔을 말하며 파배把杯라는 명칭으로 부르기도 한다. 천안 두정동 원삼국시대 분구묘에서 발견된 것이 가장 빠르다. 기원은 요동반도로부터 영향을 받아 나타난 것으로 상정하고 있으며, 용도는 계량기 또는 음료를 마시는 용기로 보고 있다.[83] 파수부잔은 한성 Ⅲ기 이후에 주로 만들어지며, 출토지역은 한강유역에서 금강유역에 이르기까지 고루 확인되고 있는데, 분포의 밀도가 가장 높은 곳은 청주와 천안지역이다. 특히 부안 죽막동 제사유적에서 발견된 것은 몸통에 반원형의 손잡이를 부착하고 윗부분에 엄지손가락을 뒤로 젖힌 듯한 형태를 덧붙인 것이 특징이다. 파수부잔은 청주 가경 4지구 1구역 2호 토광묘[84]·신봉동 '92-94호 토광묘[85], 고창 석교리유적[86]·봉덕 방형추정분 남쪽 주구[87]에서도 발견되었다.

---

[82] 忠南大學校博物館, 1994, 『神衿城』.

[83] 尹大植, 2004, 『淸州地域 百濟 把杯의 型式과 用途』, 忠北大學校大學院碩士學位論文.
박순발, 2006, 『백제토기 탐구』, 주류성.

[84] 車勇杰 外, 2002, 『淸州 佳景4地區 遺蹟(I)』, 忠北大學校博物館.

[85] 車勇杰·趙詳紀·吳允淑, 1995, 『淸州 新鳳洞 古墳群』, 忠北大學校博物館.

[86] 이영철·조희진, 2002, 『고창 석교리유적』, 湖南文化財硏究院.

[87] 김건수·노미선·양해웅, 2003, 『高敞 鳳德遺蹟 I』, 湖南文化財硏究院.

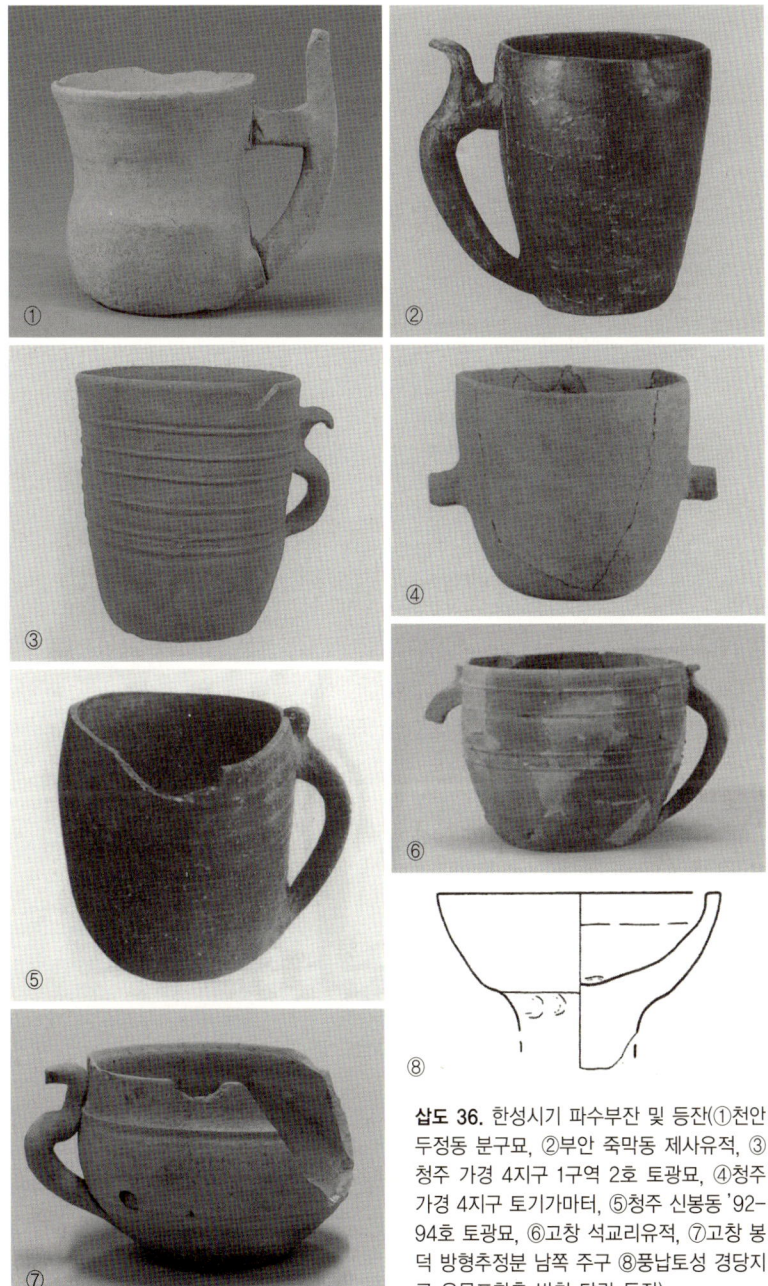

삽도 36. 한성시기 파수부잔 및 등잔(①천안 두정동 분구묘, ②부안 죽막동 제사유적, ③청주 가경 4지구 1구역 2호 토광묘, ④청주 가경 4지구 토기가마터, ⑤청주 신봉동 '92-94호 토광묘, ⑥고창 석교리유적, ⑦고창 봉덕 방형추정분 남쪽 주구 ⑧풍납토성 경당지구 유물포함층 받침 달린 등잔)

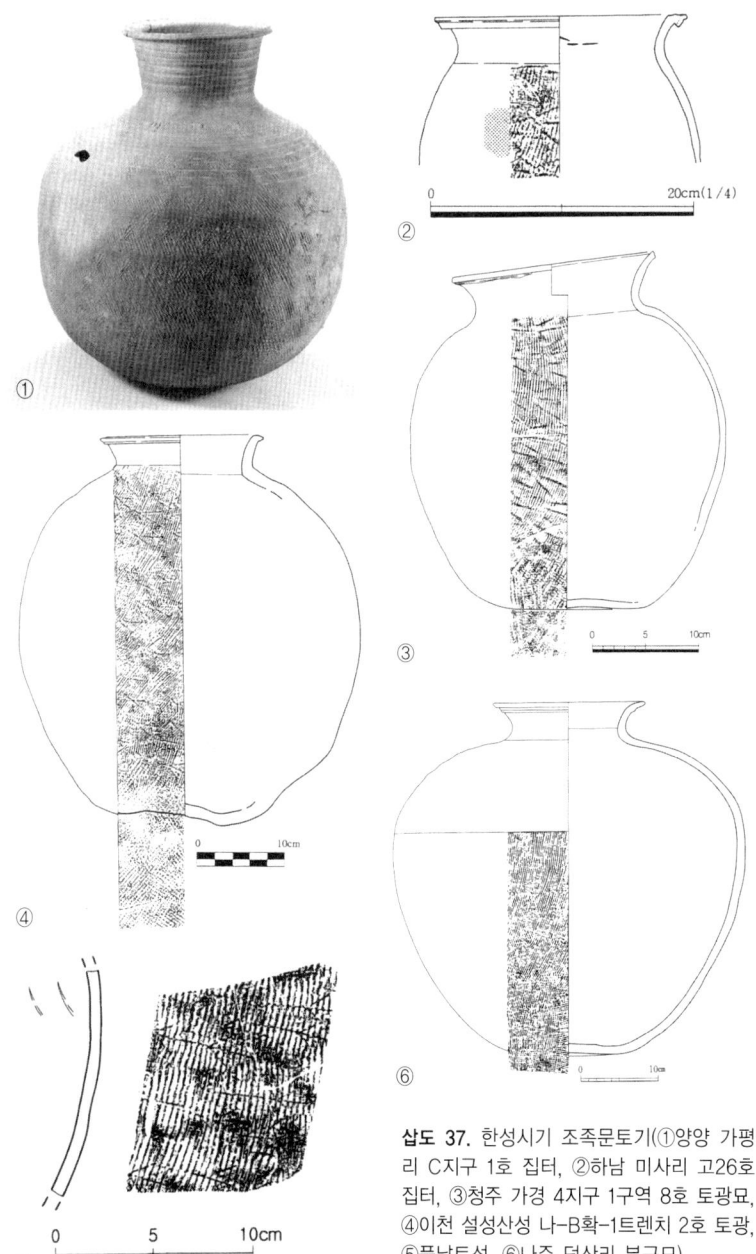

삽도 37. 한성시기 조족문토기(①양양 가평리 C지구 1호 집터, ②하남 미사리 고26호 집터, ③청주 가경 4지구 1구역 8호 토광묘, ④이천 설성산성 나-B확-1트렌치 2호 토광, ⑤풍납토성, ⑥나주 덕산리 분구묘)

등잔은 불을 밝히는 용기이다. 한성시기 등잔은 풍납토성 경당지구 유물포함층에서 발견된 굽 달린 것이 있는데 내부에 촉은 없다.[88]

조족문토기는 기종으로 분류된 명칭은 아니고 몸통에 새의 발톱무늬가 있는 것을 말한다. 이 토기는 단경호, 심발형토기, 시루 등에서 확인되는데 조족문의 형태에 따라 형식을 나눈다. 한반도 중부~남부지방에 걸쳐 발견되고 있는 조족문토기는 서북한지역에 기원을 두고 있으며, 이들이 남쪽으로 이주하는 과정에서 양양 가평리 C지구 1호 집터 출토품과 같이 중부지방에서 이른 형태가 나타나고, 4세기 전반 경 한강유역의 하남 미사리 고26호 집터 출토품처럼 정형화된다. 조족문토기는 중부지방을 포함한 금강 이북지역에서는 백제문화, 남부지방에서는 마한문화와 공반하고 있으며 7세기 전반 경을 전후하여 소멸한다.[89]

2) 웅진시기

(1) 시기 구분

웅진시기는 백제가 고구려의 침략을 받아 한성이 함락되고 공주로 수도를 옮긴 475~538년 사이를 가리킨다. 웅진시기는 60년 정도에 걸친 짧은 시기로 웅진 Ⅰ기, 웅진 Ⅱ기로 나누어 살펴볼 수 있다.

웅진 Ⅰ기는 고구려의 영역 확장에 따라 밀려 내려온 백제가 정치적으로 안정을 찾기 위해 노력하던 시기로 백제토기의 기종은 감소하면서 기형의 변화가 엿보이는 단계이다. 일상생활용보다

---

[88] 권오영·박지은, 2009, 『풍납토성Ⅹ』, 서울역사박물관·한신대학교박물관.

[89] 金鍾萬, 2008, 「鳥足文土器의 起源과 展開樣相」『韓國古代史硏究』 52, 한국고대사학회.

고분부장용이 활발하게 만들어진다.

　웅진Ⅱ기는 백제가 안정을 되찾은 시기로 무령왕 집권 이후~사비(부여)로 천도하기 전까지이다. 이 시기는 중국과의 문화교류가 활발히 진행되어 남북조의 새로운 문물이 유입되고, 왜倭와도 견고한 교류가 이루어진다. 백제 중앙세력이 귀족세력을 아우르면서 금강 이남지방이 정치·문화적으로 안정기에 접어들며 선진화된 토기문화의 기조를 수용하여 백제토기의 기종이 늘어나고, 기형이 복잡하지 않고 세련된 모습으로 변한다.

(2) 주요 기종의 변천

웅진시기의 백제토기는 한성시기의 전통을 고수하면서 크기의 간략화가 이루어지고 장식이 화려해진다. 영산강유역의 토기문화가 원삼국시대 이래의 재지계양식 일변도에서 백제토기가 나타나기 시작한다. 웅진시기는 호류(단경호, 장경호, 광구단경호, 직구호), 고배, 삼족토기, 시루, 완, 병, 기대 등이 있다.

① 호류

단경호는 입이 바깥으로 바라지고 몸통은 계란모양인 난형卵形과 어깨가 넓은 광견형廣肩形이 있다.

　대형단경호는 한성시기와는 달리 몸통의 어깨에 장식되던 톱니무늬 등이 소멸되고 타날무늬만 남게 된다. 웅진Ⅰ기의 유물로는 공주 산의리 1호 옹관묘, 연산 표정리 당골, 논산 모촌리 '92-15호 무덤 출토품이 있는데 몸통은 계란모양을 하고 있다. 또한 분강·저석리 17호 석실분·서-16-H호 옹관으로 사용된 대형단경호 1점은 목에 1조의 돋을 띠가 있다. 웅진Ⅱ기의 유적인 분강·저석리 16호

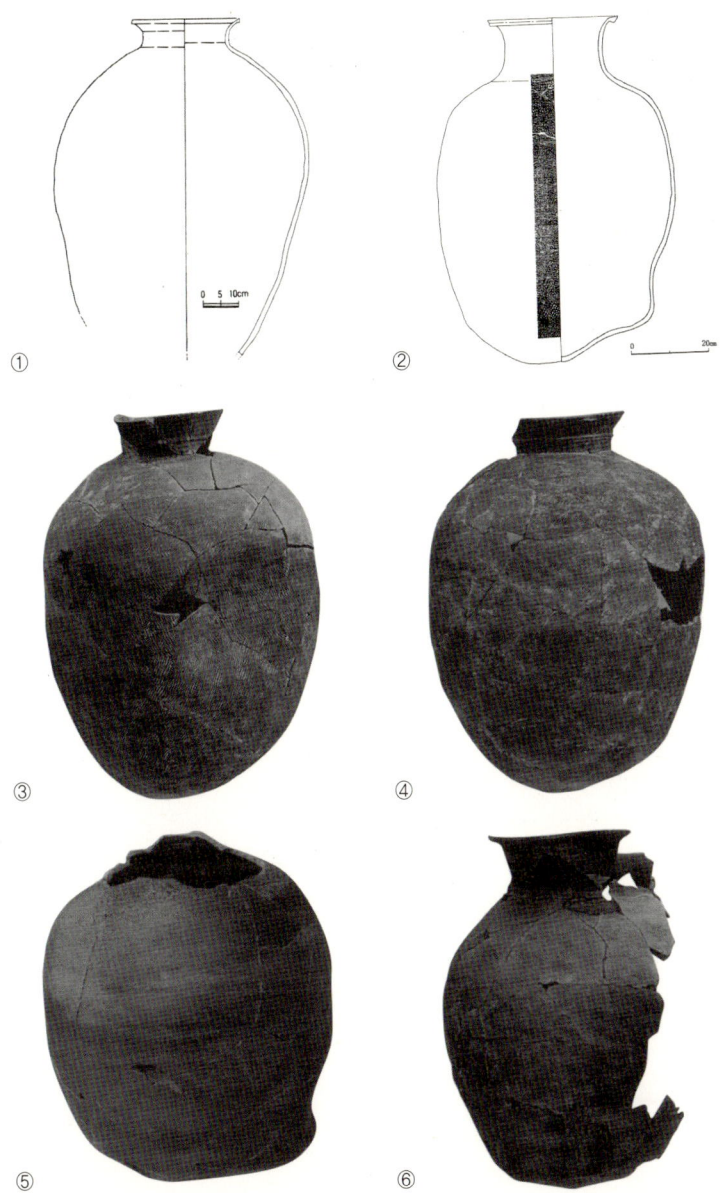

삽도 38. 웅진시기 대형단경호(①분강·저석리 16호 석실분, ②연산 표정리 당골 출토품, ③분강·저석리 17호 석실분, ④분강·저석리 서-16-H호 옹관, ⑤논산 모촌리 '92-15호 무덤, ⑥공주 산의리 1호 옹관묘)

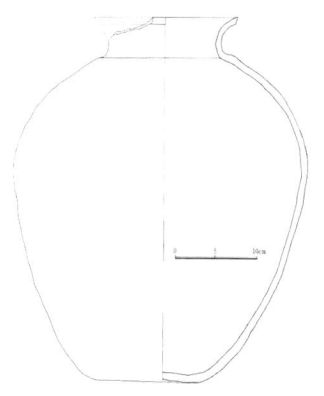

삽도 39. 웅진시기 중형단경호(공주 웅진동 석곽옹관묘, 공주 산의리 21호 석실분, 공산성 추정왕궁터 연못(위부터))

석실분 출토품은 몸통이 광견형이다.

중형단경호는 공주 웅진동의 석곽 안에 사용된 옹관이 웅진 I기에 해당하는데, 입술 부분은 바라지고 몸통은 계란형이다.[90] 광주 쌍암동 석실분,[91] 공주 산의리 21호 석실분 출토품을 보면 몸통이 둥글게 만들어지고 입술 중앙에 홈이 있는 형식으로 변하는데 웅진 I기의 말기 형식이다.[92] 공산성 추정왕궁터 연못 출토품은 웅진 II기에 해당하며 몸통이 둥근 것과 어깨가 넓어지는 광견형의 과도기적인 형태이다.

광구장경호는 목에 돌은 띠가 있는 형식으로 변하며 점차 소멸되기 시작한다. 금강유역의 광구장경호는 시기에 따라 목의 장식이 다르다. 웅진 I기의 광구장경호는 연산 표정리 '81-2호 석실분 출토품을 들 수 있는데, 몸

---

[90] 安承周, 1981, 「公州熊津洞古墳群」『百濟文化』14집, 공주대학교 백제문화연구소.

[91] 林永珍, 1996, 「全南의 石室墳」『全南의 古代 墓制(圖面·寫眞)』, 목포대학교박물관.

[92] 李南奭, 1997, 『汾江·楮石里 古墳群』, 공주대학교박물관.
_____, 1999, 『公州 山儀里遺蹟』, 공주대학교박물관.

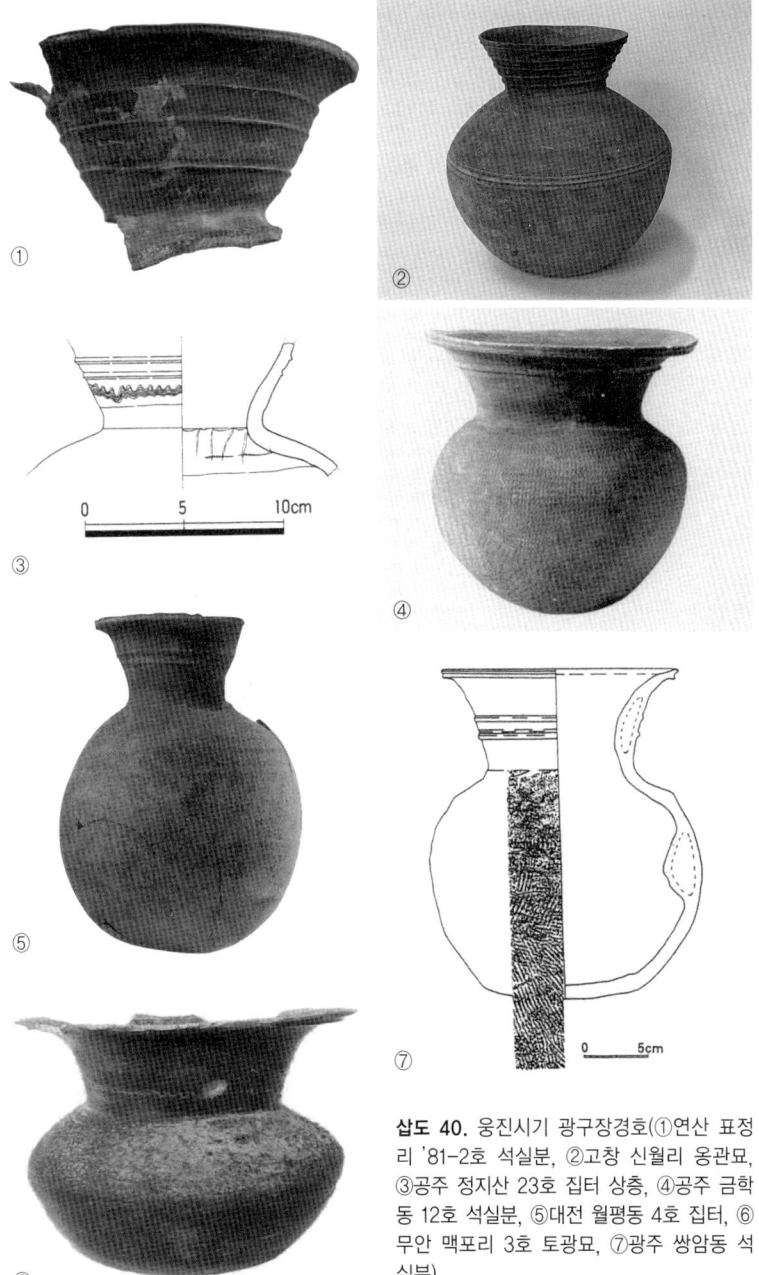

삽도 40. 웅진시기 광구장경호(①연산 표정리 '81-2호 석실분, ②고창 신월리 옹관묘, ③공주 정지산 23호 집터 상층, ④공주 금학동 12호 석실분, ⑤대전 월평동 4호 집터, ⑥무안 맥포리 3호 토광묘, ⑦광주 쌍암동 석실분)

1. 시기별 특징과 주요 기종 97

통은 없지만 입술은 넓게 바라지면서 목에 등간격으로 돋을 띠가 배치되고 그 사이사이에 밀집파상문을 시문하였다. 고창 신월리 옹관묘의 부장품으로 발견된 광구장경호는 웅진Ⅰ기에 해당하는데, 입보다 몸통이 확대되고 몸통과 목의 경계는 현저히 좁아져 백제 중앙양식과 달라 재지계일 가능성이 있다. 고창 봉덕리 나 지구 구1에서 수습한 2점은 목에 돋을 띠가 있고 그 사이에 밀집물결무늬가 시문되어 있어 고창 신월리 옹관묘 출토품보다는 늦은 시기로 보이며, 백제 광구장경호와 비교할 때 몸통과 목의 경계지점이 너무나 축약되어 약간 다르게 보인다. 웅진Ⅱ기는 공주 정지산 23호 집터 상층·금학동 12호 석실분, 대전 월평동유적 출토품을 들 수 있는데, 웅진Ⅰ기의 형태와 비교할 때 목에 돋을 띠가 1~2줄로 줄어들고 무늬는 그 아래쪽에만 시문되거나 없어진다.

　영산강유역의 광구장경호는 입술부의 형태에 따라 두 형식으로 나눌 수 있다. 하나는 몸통의 크기에 비해 입술부가 작은 것이며, 다른 하나는 백제 중앙양식과 비슷한 모습으로 몸통과 입술부의 균형이 잘 이루어진 것이다. 웅진Ⅰ기의 광구장경호는 전자가 해당되는데, 재지계이며 기대와 공반하지 않는다. 이러한 현상은 웅진Ⅱ기에 들어와서도 나타난다. 나주 대안리 3호분 주구 출토품은 긴 목에 작아진 몸통을 하고 있어 일반적으로 금강유역에서 유행한 광구장경호와 다르다. 그리고 무안 맥포리 3호 토광묘 출토품은 입술이 급격하게 바라지고 몸통의 어깨부분을 각이 지게 만들고 바닥이 오목바닥이 아닌 납작바닥으로 된 점에서 지방양식으로 보인다. 그러나 웅진Ⅰ~Ⅱ기에 해당하는 광주 월계동 1호 장고분 주구·쌍암동 석실분에서 백제 중앙양식 토기와 같은 것이 발견되고 있어서 백제의 영향이 분명히 나타나고 있다.

광구단경호는 웅진시기가 되면 감소하며 금강유역에서 주로 발견되는데, 어깨에 돋을 띠가 있다. 웅진 I기의 유물로는 분강·저석리 유물수습 유구 출토품을 들 수 있는데, 어깨에 작은 구멍을 뚫은 다음 귀때(注口)를 부착하여 내부에 있는 내용물을 따를 수 있도록 하였는데 다기茶器로 보인다.[93] 웅진 Ⅱ기는 공주 정지산 출토품과 청양 학암리가마터 폐기장에서 출토한 것이 있다.

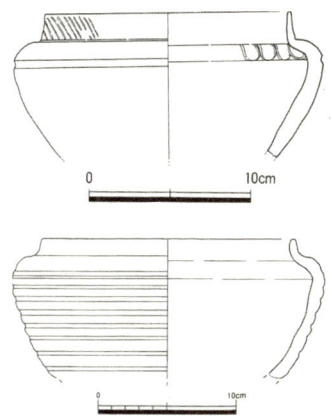

삽도 41. 웅진시기 광구단경호(공주 정지산 23호 집터 상층, 청양 학암리가마터 폐기장(위로부터))

직구호는 직구광견호와 직구단경호가 있다. 직구광견호는 한성시기의 형태를 잇고 있으나 수량이 대폭 감소하며 어깨의 높이가 낮아져 전체적으로 최대지름이 밑으로 내려가며 표면에 흑색마연한 것은 나타나지 않는다. 다만 몸통의 어깨에 시문되던 문양대는 없어지고 몇 개의 요철선이 장식된다. 직구단경호는 주로 고분에 많이 부장된다.[94] 웅진 I기는 몸통의 어깨에 파상문이 2줄로 시문되거나 밀집평행선이 간격을 두고 나타나며 바닥은 한성 Ⅲ기의 형태와 비교했을 때 좁아진다. 대표적인 유물로는 연산 표정리 '81-2호 석실분, 분강·저석리 나호 매납유구, 공주 산의리 28호 석실

---

[93] 李南奭, 1997, 『汾江·楮石里 古墳群』, 공주대학교박물관.

[94] 박순발, 2003, 「웅진·사비기 백제토기의 편년에 대하여-삼족기와 직구단경호를 중심으로」 『百濟研究』 37, 충남대학교 백제연구소.
　　　　, 2004, 「백제의 토기」 『백제문화의 특성 연구』, 서경.

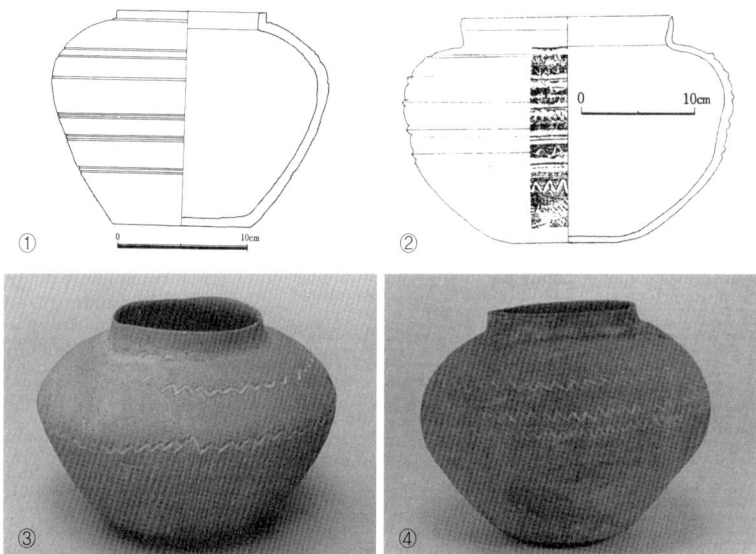

삽도 42. 웅진시기 직구호(①공주 공산성 연못, ②연산 표정리 '81-2호 석실분, ③분강·저석리 나호 매납유구, ④공주 산의리 28호 석실분)

분 출토품이 있다. 웅진Ⅱ기는 몸통 전면에 돋을 띠나 음각선으로 된 횡선대가 등간격으로 장식되며 어깨가 넓어지는 광견화가 진행된다. 대표적인 유물로는 공주 공산성 연못 출토품이 있다.

유공호는 광구장경호를 축소한 듯한 모양으로 어깨에 둥근 구멍이 있어서 대롱을 끼워 주전자처럼 사용한 용기이다. 유공호는 입지름이 넓어 유공광구호라고도 하며 금강유역~영산강유역의 일상생활유적, 무덤유적, 제사유적에서 발견된다.

유공호의 원류는 중국 동·서진대 계수호鷄首壺의 영향에 따른 것으로 보는 것[95]과 일본열도의 왜倭로부터 전해진 기종으로 보는 견

---

[95] 小池寬, 1999,「有孔廣口小壺の祖型」『朝鮮古代研究』第1號, 朝鮮古代研究刊行會.

삽도 43. 호남지방 출토 각종 유공호

해가 있다.[96] 또한 백제지역 중 고창지역을 기원지로 보기도 한다.[97] 유공호는 몸통이 크고 입술 부분이 낮고 바라진 것이 빠른 시기의 형식이며, 몸통이 작고 입술에 단이 지고, 목이 나팔형으로 높게 만들어지는 것이 늦은 시기의 것이다.

유공호는 영암과 고창지역 출토품이 시기적으로 빠르고 한성 Ⅲ기에 출현하지만 실제로 한강유역에서는 발견된 예가 없어 백제 중앙양식 토기는 아니다. 웅진 Ⅱ기에 해당하는 공주 정지산 4호 타원형 수혈에서 입술은 반구 형태이고 목이 긴 것이 확인되어 웅진시기가 되면 백제중앙에서도 일부 사용되었음을 알 수 있다.

② 고배

고배는 무개식과 유개식이 있다. 웅진 Ⅰ기에 해당하는 연산 모촌리 '92-15호 및 '93-8호 석곽묘에서 발견된 유개식은 입술이 곧추서고 다리의 하단에 뾰족한 돌기가 생겨 단이 지는 특징을 갖는

---

[96] 酒井淸治, 2004, 「5·6세기 토기에서 본 羅州勢力」『百濟硏究』39, 충남대학교 백제연구소.
[97] 노미선, 2004, 「유공광구소호 소고」『연구논문집』4, 호남문화재연구원.

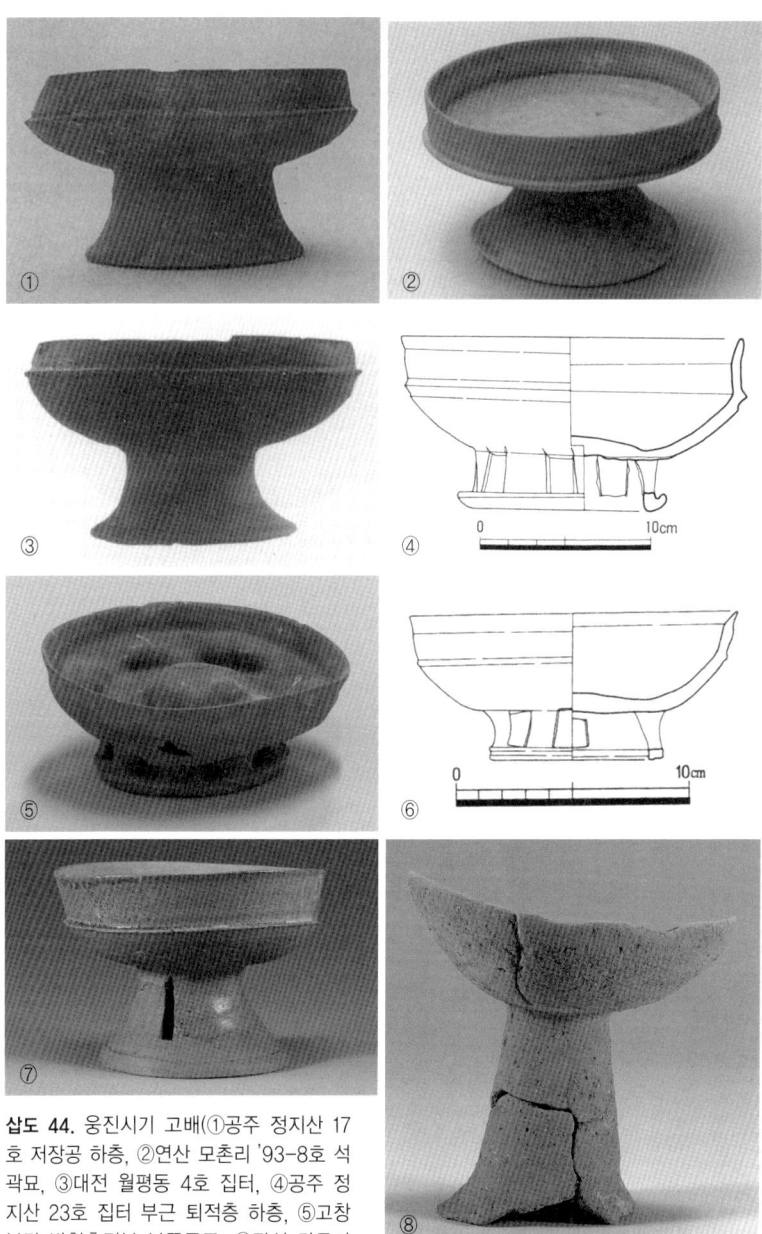

삽도 44. 웅진시기 고배(①공주 정지산 17호 저장공 하층, ②연산 모촌리 '93-8호 석곽묘, ③대전 월평동 4호 집터, ④공주 정지산 23호 집터 부근 퇴적층 하층, ⑤고창 봉덕 방형추정분 북쪽주구, ⑥장성 만무리 고분, ⑦공주 무령왕릉 봉토, ⑧공주 정지산 2호 집터)

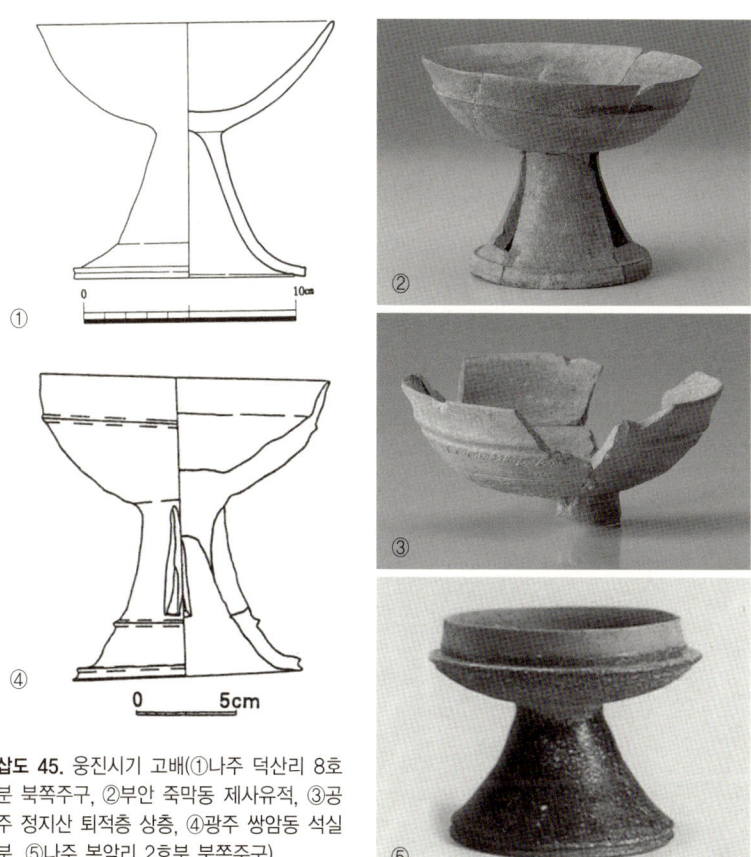

삽도 45. 웅진시기 고배(①나주 덕산리 8호분 북쪽주구, ②부안 죽막동 제사유적, ③공주 정지산 퇴적층 상층, ④광주 쌍암동 석실분, ⑤나주 복암리 2호분 북쪽주구)

다. 한편 대전 월평동 4호 집터 출토품은 입술이 짧고 다리에는 원형 투공이 있다. 공주 정지산 23호 집터 부근 퇴적층 하층에서 발견된 무개식은 낮은 다리에 투공이 일렬로 여러 개 뚫려 있는 것으로[98] 고창 봉덕 방형추정분 북쪽주구, 장성 만무리고분 출토품과 흡사하며 호남지방과 관련된 형식이다.

---

[98] 국립공주박물관, 1999, 『정지산』.

웅진 Ⅱ기는 공주 정지산 17호 저장공 하층 출토품을 들 수 있는데, 한성시기 전통을 따르는 것으로 입술이 안으로 숙여지고 다리의 바라진 각도가 완만해진다. 공주 무령왕릉 봉토 출토품은 곧추선 입술에 뚜껑받이 턱이 있으며 다리에는 장방형 투공이 있고 아래에는 단이 나타난다. 공주 정지산 2호 집터에서는 연질이면서 몸통이 위로 갈수록 완만하게 바라지며 입술의 끝은 곧추서고 다리는 위에서 밑으로 내려오면서 나팔형으로 바라진 무개식이 확인되었는데, 일본 하지끼(土師器)와의 관련성보다는 나주 덕산리 8호 무덤 북쪽주구, 영광 학정리 대천 3호 석실분 출토품과 연관된 것이 아닌가 한다. 공주 정지산 퇴적층 상층, 부안 죽막동 제사유적에서 확인된 무개식은 입술이 약간 바라지고 몸통에 밀집파상문密集波狀文(여러 줄 물결무늬)이 있으며 다리에는 장방형 투공이 있는 것인데 스에끼계로 알려져 있다.[99] 영산강유역의 고배는 유개식보다 무개식이 많으며 다리가 길어지는 특징을 갖는데, 광주 쌍암동 석실분, 나주 복암리 2호분 북쪽주구, 함평 예덕리 신덕 1호 석실분 연도 출토품이 있다.

③ 개배

개배는 시기가 내려갈수록 몸통의 깊이가 얕아지고 입술은 곧추선 것보다 곡선으로 처리되거나 안으로 숙여진 것이 많고 뚜껑받이 턱은 길고 뾰족하며 바닥은 둥근 것, 납작한 것, 뾰족한 것이

---

[99] 李盛周, 2002, 「南海岸地域에서 출토된 倭系遺物」 『古代東亞細亞와 三韓·三國의 交涉』, 복천박물관.
木下 亘, 2003, 「韓半島出土 須惠器(系) 土器에 대하여」 『百濟研究』 37집, 충남대학교 백제연구소.

삽도 46. 웅진시기 개배에 나타난 각종 기호.

있다. 웅진Ⅰ기는 바닥이 둥근 것과 납작한 것이 많다. 대표적인 유물로는 공주 정지산 퇴적층 하층, 공주 산의리 10호·23호 석실분, 연산 모촌리 '92-12호 석실분 출토품이 있다.

웅진Ⅱ기는 웅진Ⅰ기에 비해 몸통이 얕아지고 납작한 바닥보다는 둥근 바닥이 많아진다. 대표적인 유물로는 공주 단지리 4지구 12호 석곽묘·9호 횡혈묘橫穴墓(지하굴무덤)·11호 횡혈묘, 공주 도천리 유적, 대전 월평동, 완주 배매산성 출토품이 있다. 특히 공주 단지리 11호 횡혈묘 출토품은 바닥을 회전물손질이 아닌 예새로 정면하고 있어서 특이한 제작기법을 보여준다. 공주 도천리에서 출토한 개배 중에는 흑색 경질소성에 몸통이 깊고 'D'자형 마크가 새겨진 것이 있는데,[100] 영산강유역의 나주 복암리 고분군에서 비슷한 것이 발견되어 영산강유역에서 제작되어 공급된 것으로 짐작된다.

영산강유역에서는 횡혈식석실분의 채용과 더불어 개배의 부장이 활발하게 이루어졌는데, 이는 영산강 본류에 만들어진 대량생

---

[100] 김종만, 2001, 「公州 道川里出土 百濟土器 小考」 『國立公州博物館紀要』 창간호, 국립공주박물관.

삽도 47. 웅진시기 개배(①공주 정지산 퇴적층 하층, ②공주 산의리 10호 석실분, ③공주 산의리 23호 석실분, ④연산 모촌리 '92-12호 석실분, ⑤공주 단지리 4지구 12호 석곽묘, ⑥공주 단지리 9호 횡혈묘, ⑦공주 도천리 유적, ⑧완주 배매산성, ⑨무안 양장리 집터, ⑩광주 쌍암동 석실분, ⑪나주 복암리 1호 무덤 주구)

산체제와 관련이 있으며 백제문화의 적극적인 수용이라고 생각된
다. 개배는 무안 양장리 집터[101]와 같은 곳에서 생활토기로 먼저 이
루어진다. 광주 쌍암동 석실분, 나주 복암리 1호 무덤 주구에서 발
견된 개배는 바닥이 둥글게 되어 있다.

④ 삼족토기

삼족토기는 한성시기의 반형, 완형은 보이지 않고 배형만 확인되
며 다리는 아래가 밖으로 바라지는 특징을 갖는다. 종류는 유개식
과 무개식이 있고, 유개식은 꼭지가 있는 유뉴식과 없는 무뉴식으
로 나뉜다. 뚜껑의 꼭지는 단추형 이외에 권대형圈帶形(원형굽 모양)
이 새로 등장한다.

　웅진 I기는 익산 간촌리 I지구 3호 수혈 출토품이 대표적인데,
몸통이 깊고 어깨는 약간 둥글게 변한다. 완주 배매산성 출토품은
웅진 I기~웅진 II기에 걸친 형식이다. 웅진 II기는 웅진 I기보다
기형에 변화가 나타나는데, 그릇의 깊이가 점차 얕아지며 다리의
부착지점이 몸통의 바깥 부분으로 옮겨지며 아래가 바라지지 않
고 곧게 내려간다. 공주 송산리 방대형기단·징지산 23호 저장공·
산의리 35호 석실분 출토의 배형을 보면 전 시기보다 몸통이 더욱
얕아지고 다리의 아래가 바라진 것과 곧게 내려온 것이 공반하고
있다. 이후 부여 저석리 2호 무덤·염창리 III-81호 무덤·정림사지
하부층에서 확인된 기형들을 보면 더욱 몸통이 얕아지고 다리의
부착지점도 가장자리에 배치된다. 보령 구룡리 석실분에서 권대
형의 꼭지가 부착된 배형이 발견되었으며, 단추형 꼭지가 부착된

---

[101] 최성락·이영철·윤효남, 2000, 『무안 양장리 유적II』, 목포대학교박물관.

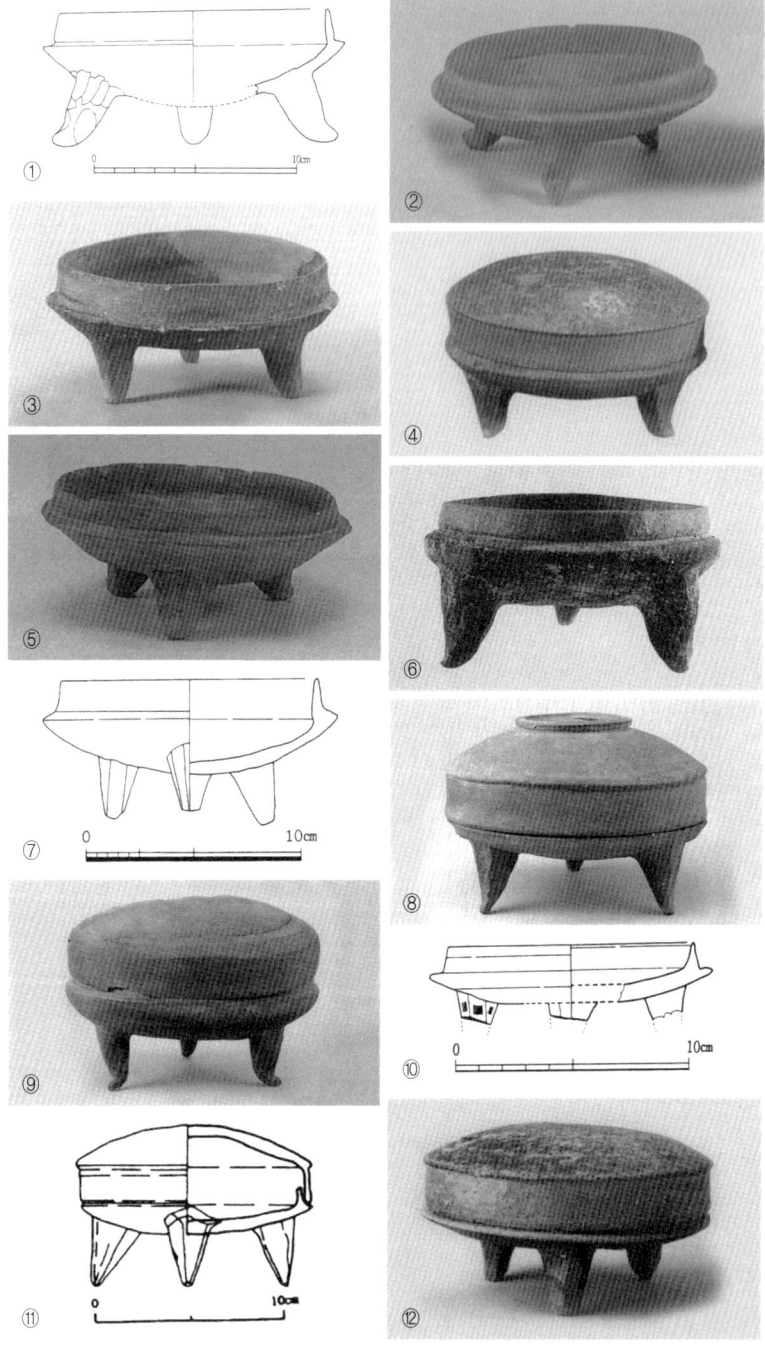

삽도 48. 웅진시기 삼족토기(①익산 간촌리 I지구 3호 수혈, ②완주 배매산성, ③공주 송산리 방대형기단, ④공주 정지산 23호 저장공, ⑤공주 산의리 35호 석실분, ⑥부여 저석리 2호 무덤, ⑦부여 염창리Ⅲ-81호 무덤, ⑧보령 구룡리 석실분, ⑨서천 비인 장포리, ⑩무안 고절리 무덤 남동주구, ⑪보령 노천리 석실분, ⑫영암 설매리)

배형은 서천 비인 장포리에서 확인되었다.

영산강유역에서는 웅진 Ⅱ기에 처음으로 삼족토기가 등장한다. 무안 고절리 무덤 남동주구 출토품이 가장 빠른데 몸통이 얕아지는 특징을 가지며 비슷한 것이 광주 월계동 장고분 주구에서 발견되었으며 다리의 아래가 곧게 내려온다.

웅진 Ⅱ기에 공주 정지산 23호 저장공, 보령 노천리 석실분, 서천 당정리·문장리 등 금강하류를 따라 꼭지가 없는 무뉴식의 배형 삼족토기가 발견되고 있으며, 영산강유역의 영암 설매리[102]에서도 확인되고 있어 서해안양식이라 부르고 있다.[103]

⑤ 시루

웅진 Ⅰ기에 해당하는 것으로는 논산 원북리 다-11호 구덩이 출토품이 있는데 몸통은 알 수 없지만 바닥에는 중앙에 원공을 두고 주변에 삼각형의 증기공을 배치한 것이다.

웅진 Ⅱ기에 해당하는 진안 와정 3호 집터 출토품은 큰 심발형토기에 몸통에는 대칭으로 쇠뿔모양의 손잡이가 달려있고 바닥에는 작은 구멍이 뚫려 있다. 이는 한성시기에 해당하는 정원 풍정리 집터 출토품과 유사하며 원삼국시대 이래로 호서지역에 유행하였던 기형의 연장선상에 있다. 또한 진안 와정 3호 집터에서는 바닥만 남아 있지만 중앙에 둥근 구멍을 배치하고 주위에 삼각형의 구멍을 배치한 서울·경기지역의 백제 중앙양식의 시루형태도 확인

---

[102] 百濟文化開發研究院, 1984, 『百濟土器圖錄』, p.393의 525번 참조.

[103] 서천 비인 장포리에서는 유뉴식 배형 삼족토기가 발견되었다. (金鍾萬, 1995, 「忠南西海岸地方 百濟土器硏究-保寧·舒川地方을 中心으로」『百濟硏究』25집, 충남대학교 백제연구소.)

삽도 49. 웅진시기 시루(①논산 원북리 다-11호 구덩이, ②진안 와정 3호 집터, ③예산 대흥)

되었다. 예산 대흥 출토품은 한성시기 시루와는 전혀 다른 형태인데 곧추선 입술부에 납작한 바닥을 하고 있는 직구단경호로 이례적인 것이라 할 수 있다. 이 시루에 대하여는 실용가능성이 적은 것으로 알려지고 있지만[104] 소성도가 높고 몸통에 손잡이가 대칭으로 달려있으며 바닥에 정연하게 구멍이 뚫려 있는 점에서 실용기일 가능성이 높다.

---

[104] 오후배, 2003 『우리나라 시루의 고고학적 연구』, 단국대학교대학원 석사학위논문.

⑥ 장란형토기

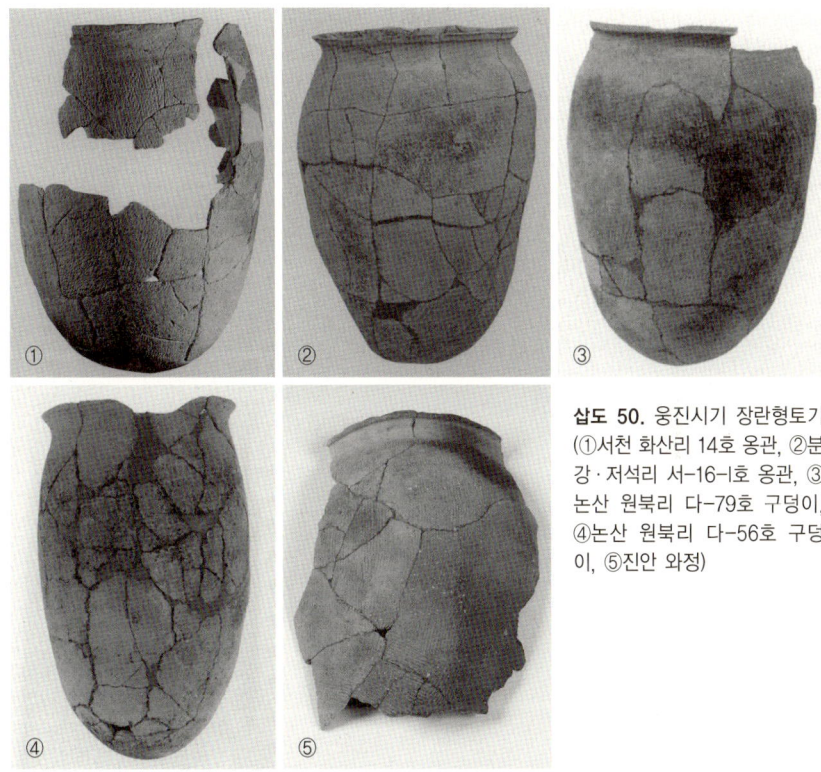

삽도 50. 웅진시기 장란형토기 (①서천 화산리 14호 옹관, ②분강·저석리 서-16-I호 옹관, ③논산 원북리 다-79호 구덩이, ④논산 원북리 다-56호 구덩이, ⑤진안 와정)

장란형토기는 금강유역을 중심으로 생활유적과 무덤유적에서 살펴볼 수 있다. 웅진 I기의 장란형토기는 서천 화산리 14호 옹관, 분강·저석리 서-16-I호 옹관, 논산 원북리 다-56호·다-79호 구덩이, 진안 와정 출토품이 있다. 장란형토기는 표면에 승석문이나 평행선문이 타날되고 가로줄의 선무늬가 그려지기도 한다. 웅진 II기가 되면 전용 솥이 등장하면서 장란형토기는 소멸한다.[105]

---

[105] 鄭鍾兌, 2006, 「百濟 炊事容器의 類型과 展開樣相」, 충남대학교대학원 석사학위논문.

⑦ 심발형토기

웅진 I기의 것은 일상생활유적이나 고분 유적에서 소량이 발견된다. 이 시기의 대표적인 유물로는 연산 모촌리 '93-8호 석곽묘 출토품이 있다. 연산 모촌리 '93-8호 석곽묘 출토품은 입술에 홈이 있고 날씬한 몸통에는 격자문이 남아 있다. 웅진 Ⅱ기가 되면 고분의 부장품으로 확인되며, 몸통에 승석문과 평행선문이 타날된다. 연산 모촌리 '93-10호 석곽묘 출토품을 보면 입술 중앙에 홈이 돌아가고 통통한 몸통과의 사이에 목이 만들어지며 승석문이 남아 있어서 시기가 내려가면 몸통의 문양이 대체되고 있다. 공주 단지리 4지구 9호 횡혈묘 출토품은 연산 모촌리 '93-10호 석곽묘 출토품과 전체 모습은 비슷하나 몸통에 평행선문이 있다. 그리고 부소산 반월루 옆 수혈건물터 부근의 고분에서 발견된 심발형토기는 이 시기에 해당한다.[106]

삽도 51. 웅진시기 심발형토기(연산 모촌리 '93-8호 석곽묘, 연산 모촌리 '93-10호 석곽묘, 공주 단지리 4지구 9호 횡혈묘(위부터))

⑧ 완

완은 굽이 없는 것과 있는 것으로 나눌 수 있다. 웅진 I기의 완은 잘

---

[106] 김종만, 2006, 「부소산성 출토 토기 소고」 『부소산성 유적고증 연구』, 한국전통문화학교.

	호 류					고 배		개 배	삼족토기	시루	장란형 토기	심발형 토기	완		기 대		병 류							벼루	등잔
	대형단경호	중형단경호	광구장경호	광구단경호	직구단경호	유개식	무개식						완	대부완	고배형	장고형	단경병	장경병	반구병	배부병	횡병	자라병	환상병		

웅진 I 기

웅진 II 기

1.연산 표정리 당골, 2.공주 산의리 1호 옹관묘, 3.분강·저석리 17호 석실분, 4.공주 금학동 1호 석곽옹관묘, 5·9.분강·저석리 16호 석실분, 6.공주 웅진동 석곽옹관묘, 7.공주 산의리 21호 석실분, 8·12·66.광주 쌍암동 석실분, 10·22·81·89·91·92.공주 공산성, 11·19·69.연표정리 '81-2호 석실분, 13.공주 금학동 12호 석실분, 14.분강·저석리 바호 매납유구, 15.대전 월평동 4호 집터, 16·65.분강·저석리 수습석실분, 17·73.청양 학암리 가마터 폐기장, 18.공주 정지산, 20.공주 산의리 28호 석실분, 21.공주 금학동 12호 석실분, 23·58.연산 모촌리 '93-8호 석곽묘, 24.대전 월평동유적, 25.공주 정지산 17호 저장공 하층, 26.공주 무령왕릉 봉토, 27·59.서산 여미리 1호 매납유구, 28·44·70.완주 배매산성, 29·36.공주 정지산 퇴적층 하층, 30.공주 정지산 2호 집터, 31.공주 정지산 퇴적층 상층, 32·77·84·85.부안 죽막동 제사유적, 33·41.연산 모촌리 '92-12호 석실분, 34.공주 산의리 10호 석실분, 35.공주 산의리 23호 석실분, 37.나주 복암리 1호분, 38.공주 단지리 42지구 12호 석곽묘, 40·54.익산 간촌리 I지구 3호 수혈, 42.공주 정지산 23호 저장공, 43.공주 송산리 방단유구, 45.저석리 2호분, 46.부여 정림사 하층, 47.논산 원북리 다-11호 구덩이, 48.예산 대흥리, 49.진안 와정 3호 집터, 50.서천 화산리 14호 옹관, 51.분강·저석리 서-16호 1호 옹관, 52.논산 원북리 다-79호 구덩이, 53.완주 배매산성 다-2지구 20호 집터, 56.연산 표정리 '93-10호 석곽묘, 57·62·63.공주 단지리 4지구 9호 횡혈묘, 58·61·67·78.연산 모촌리 '93-5호 석곽묘, 60.공주 무령왕릉 동제완, 64.공주 신 40호 석곽묘, 68.나주 덕림리 8호분 서쪽주구, 71.공주 정지산 23호 집터, 72.공주 정지산 1호 수혈, 74.공주 송산리 고분군, 75.연산 모촌리 4호 석곽묘, 76.익산 웅포리 2호분, 79.공주 단지리 4지구 6호 횡혈묘, 80.서천 화산리 17호 석실분, 82.연산 표정리 백석초등학교 소장품, 83.공주 산의리 3호 석실분, 86.공주 산의리 19호 석실분, 87.보령 주산 유곡리, 88.광양 용강리 22호 석곽묘, 90.공주 정지산 1호 대벽물지

삽도 52. 공주 무령왕릉 출토 동제완

발견되지 않고 있으나 한성시기에 유행했던 완이 지속적으로 사용되었을 가능성이 있다.[107]

웅진 Ⅱ기의 완은 연산 표정리·모촌리 고분군 등 연산지방에서 발견되었다. 연산 모촌리 '93-5호 석실분에서 발견된 완은 몸통에 요철띠가 있고 입술이 바라진 것인데, 굽 달린 대부완과 공반한다. 연산 모촌리 '93-13호 석실분에서는 받침 달린 대부완이 확인되었는데, 몸통의 중간에 회전물손질로 인한 요철선이 남아 있다.[108] 또한 공주 단지리 4지구 9호 횡혈묘에서는 2점의 대부완이 발견되었다. 하나는 몸통의 전면에 요철선이 있는 것이고, 나머지 하나는 표면에 장식이 없으나 입술의 안쪽에 단이 있다. 공주 산의리 40호 석실분에서 발견된 대부완은 입술에는 홈이 돌아가고, 몸통에는 성형할 때 생긴 가는 선이 전면에 남아 있다. 공주 공산성에서 확인된 대부완은 공주 무령왕릉에서 발견된 동제완을 모방한 형식이다.[109]

---

[107] 공주 정지산 23호 집터 출토유물 중에 완으로 분류된 것은 윗면의 가장자리에 원공이 비스듬히 뚫려있는 것으로 볼 때 뚜껑일 가능성이 있다.

[108] 安承周·李南奭, 1988, 『論山 表井里 百濟古墳 發掘調査報告書(Ⅱ)』, 공주대학교박물관.
安承周·李南奭, 1994, 『論山 茅村里 百濟古墳群 發掘調査報告書(Ⅱ)』, 공주대학교박물관.

삽도 53. 웅진시기 완(①연산 모촌리 '93-5호 석실분, ②연산 모촌리 '93-13호 석실분, ③·④공주 단지리 4지구 9호 횡혈묘, ⑤공주 산의리 40호 석실분, ⑥서산 여미리 1호 매납유구, ⑦무안 맥포리 3호 토광묘)

서산 여미리 1호 매납유구에서 발견된 완은 청주 신봉동 '90B-1호 토광묘 출토품과 비슷하지만 입술부가 짧게 바라지면서 바닥이 약간 둥근 형태를 하고 있어 후행 형식임을 알 수 있으며, 무안 맥포리 3호 토광묘 출토품도 비슷한 형태를 하고 있다.

---

[109] 김종만, 「성왕시대의 백제 생활토기」 『백제 성왕과 그의 시대』, 부여군백제신서3.

⑨ 기대

기대는 한성시기와 마찬가지로 고배형과 장고형이 모두 발견되고 있으며 대체로 고분의 부장품으로 나온다.

웅진 I 기는 연산지방 고분군 출토품을 통해 살펴볼 수 있다. 연산지방 고분군에서 확인되는 고배형 기대는 백제고지에서 가장 많은 양이 수습되고 있으며 정형화된 단계를 보여준다. 분강·저석리 고분군에서 확인된 것은 몸통의 내부가 깊어지고 중간에 요철대가 있으며 팔자형으로 바라진 다리에는 커다란 삼각형 투공이 있다.[110] 장고형 기대는 연산 표정리 '81-2호 무덤에서 확인된 편이 있다. 이 편은 받침부로서 지그재그식 점열문이 있고, 돌대·고사리무늬가 장식되어 있다.[111] 완주 배매산성 다-3지구에서 확인된 장고형은 형태와 장식을 볼 때 이 시기에 포함된다.[112]

웅진 II 기는 공주 정지산유적과[113] 송산리고분군 등 주로 공주시내에서 나온 것에 한정되고 있다. 이 시기는 고배형보다 장고형이 많이 발견되는 단계이다. 고배형은 연산 모촌리에서 나온 것이 있는데, 넓게 입술 부분이 바라진 몸통과 팔자형으로 바라진 다리에는 1단의 삼각형 투공이 있다.[114] 장고형은 풍납토성 가-유물포함층 중층에서 확인된 것과 동일계통의 것으로 띠의 폭이 더욱 넓어지면서 납작해지고, 공주 송산리고분군 수습품[115]을 보면 몸통에

---

[110] 李南奭, 1997, 『汾江·楮石里 古墳群』, 공주대학교박물관.

[111] 서성훈·신광섭, 1984, 「표정리백제폐고분조사」 『중도V』, 국립중앙박물관.

[112] 윤덕향·강원종·장지현·이택구, 2002, 『배매산』, 전북대학교박물관.

[113] 國立公州博物館, 1999, 『정지산』.

[114] 이 유물은 웅진 I 기의 것으로 보았으나 유구나 공반유물로 보아 웅진 II 기에 해당하는 것으로 보인다.(李南奭, 1997, 『汾江·楮石里 古墳群』, 공주대학교박물관.)

삽도 54. 웅진시기 기대(①연산 표정리 당골, ②연산 모촌리 '93-5-호 석곽묘, ③연산 표정리 '81-2호 무덤, ④완주 배매산성 다-3지구, ⑤공주 정지산유적, ⑥공주 송산리고분군, ⑦분강·저석리고분군, ⑧나주 덕산리 8호분 주구, ⑨광주 쌍암동고분, ⑩청양 학암리 가마터)

있는 장식이 양 끝에 가서는 다시 두 가닥으로 갈라져 마치 하트모양으로 바뀌고 받침부도 장고모양으로 변화하는 과도기적인 형태이다. 청양 학암리 가마터에서는 다양한 모습의 장고형이 확인되었는데, 한성시기 전통을 이어받아 만들어진 것으로 공주 정지산에서 발견된 것과 매우 유사하다.[116]

영산강유역에 이른 시기에 나타나는 것 중의 하나가 고배형이며, 횡혈식석실분의 등장과 더불어 일시적으로 발전한다. 나주 덕산리 8호분 주구·11-1호분 동쪽주구에서 발견된 고배형은 일반적으로 금강유역에서 유행하던 고배형과는 약간 다르다. 그것은

---

[115] 百濟文化開發研究院, 1985, 『百濟土器圖錄』, 도판 3번 참조.

[116] 김종만, 2007, 「청양 학암리요지 출토유물의 의의」『그리운 것들은 땅 속에 있다』, 국립부여박물관.

다리 부분이 중앙에서부터 원통형을 이루면서 길게 내려와 끝부분에서 급격하게 바라진 것인데, 금강유역에서는 잘 보이지 않는 형태이다. 그리고 광주 쌍암동고분 출토품[117]은 길어진 다리가 밑으로 내려오면서 장고형처럼 보인다. 이러한 형태는 웅진 Ⅱ기 말에 남쪽으로 전파된 고배형에 금강유역에서 유행하던 장고형의 보급과 관련하여 나타난 것이 아닌가 한다. 장고형은 고배형보다 적게 발견된다. 나주 덕산리 8호분 주구에서 확인된 것은 풍납토성 출토품의 연장선상에 있다고 할 수 있으나 몸통의 위와 아래의 비율이 맞지 않는다. 광주 월계동 1호 장고분 주구에서 수습된 것은 공주 정지산에서 출토한 것과 유사하다.

⑩ 병
병은 단경병, 장경병長頸瓶, 배부병, 반구병盤口瓶, 횡병, 자라병, 유공횡병, 양이부병兩耳附瓶, 환상병環狀瓶이 있다.

웅진 Ⅰ기는 한성시기 단경병의 형태와 달리 입술 부분이 역팔자 모양이고 몸통이 둥글게 만들어지는데 공주 옥룡동 출토품이 있다. 연산지방에서는 장경병이 확인되었는데, 입술이 살짝 바라지고 긴 목에는 밀집파상문이 새겨졌으며 둥근 몸통에 바닥은 납작하게 만들었다. 바닥과 몸통 사이는 예새로 깎아 조정하였으며 어깨 이상에 물결무늬가 있다.[118] 배부병은 한성 Ⅲ기의 늦은 시기에 나타났을 것이라고 생각되나 주로 웅진시기에 통용된 것으로 보

---

[117] 林永珍, 1996, 「光州 雙岩洞古墳」 『全南의 古代墓制』, 목포대학교 박물관.

[118] 2011년도에 장경병이 소장되어 있는 충남 논산시 연산면 백석리 소재 백석초등학교를 방문하여 장경병을 실견하였는데, 애석하게도 학교건물을 신축하고 이전하는 과정에서 목 부분이 결실되었다.

인다. 배부병은 단경병의 입술부에 접시가 부착되어 있는 것으로 배부토기라고도 부르며,[119] 백제지역에서는 한시적으로 사용했으며 중앙양식의 토기는 아니다. 시기는 한성 III기까지 올라가며 사비시기 초까지 사용된 기종이다. 용도는 술 등 음료를 휴대하면서 덜어 마시는 용기였던 것으로 이해하고 있다.[120] 배부병은 세울 수 있는 것과 옆으로 눕힐 수 있는 2종류로 나눌 수 있다. 배부병은 완주 배매산성, 완주 상운리 분구묘 나 지구 7-2호·라 지구 2-1호·라 지구 1-30호 목관묘,[121] 부안 죽막동 제사유적,[122] 고창 석교리 8호 집터[123] 등에서 발견되었다. 천안 용원리 C지구 1호 석곽묘 및 부안 죽막동 나 지구 출토품에는 몸통에 격자문이 타날되어 있다.

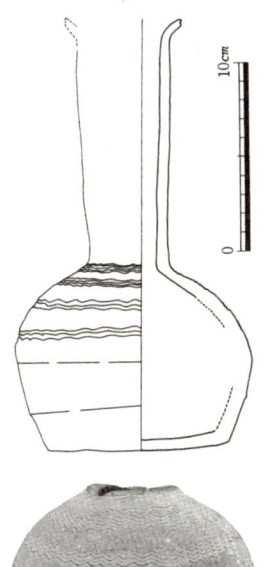

삽도 55. 연산지방 출토 장경병 실측도 및 사진

웅진 II기에는 병의 몸통에 변화가 생겨서 원통형보다는 몸통의 중간 부분이 배가 부른 둥근 형태를 이루는 것이 있다. 공주 단지

---

[119] 서현주, 2006, 『영산강유역 고분토기 연구』, 학연문화사.

[120] 박순발, 2006, 『백제토기 탐구』, 주류성.

[121] 김승옥·이보람·변희섭·이승태, 2010, 『上雲里 III』, 전북대학교박물관.

[122] 國立全州博物館, 1994, 『扶安 竹幕洞 祭祀遺蹟』.

[123] 李暎澈·趙希鎭, 2005, 『高敞 石橋里 遺蹟』, 호남문화재연구원.

삽도 56. 공주 무령왕릉 출토 왕비 금제관식.
가운데 반구병 모양이 보인다.

리 4지구 6호 횡혈묘 출토품은 웅진 Ⅱ기의 전형적인 형태를 하고 있으며 부장되기 전에 입술 부분을 깨서 고분에 넣었던 것으로 보인다. 연산 표정리고분에서 확인된 단경병 중에는 몸통에 밀집파상문이 베풀어지고 둥근 몸통을 하고 있지만 크기가 작은 것도 있다.[124] 공주 공산성 석축연못에서 발견된 것은 몸통에 자연유가 있는 것으로 광견형으로 변하는 과도기 형태이다. 단경병 중에는 몸통의 최대지름이 하부에 있는 것이 부안 죽막동 제사유적 나 3구에서 확인되었는데, 일본에서도 발견되고 있어 양국의 교류를 살펴볼 수 있는 자료이다. 이렇게 몸통의 최대지름이 하부로 내려오는 것은 진천 산수리 '87-7호 가마터 출토 단경병의 영향일 가능성이 있다. 한편 청양 학암리 2호 가마터에서 수습된 대각이 있는 병은 장경병으로 추정된다.[125] 부안 죽막동 제사유적에서 수습된 장경병은 몸통에 비해 입술 부분이 크고 목이 통통하여 비율이 잘 맞지 않게 보이는데 제사용으로 특별히 사용하기 위해 과장되게 만든 것으로 보인다. 반구병은 공주 무령왕릉 출토 무령왕비의 금관장식에도 표현되어 있듯이 입술이 ㄴ자형으로 덧댄 모양인데, 공

---

[124] 서성훈·신광섭, 1984, 「표정리백제폐고분조사」『중도Ⅴ』, 국립중앙박물관.
[125] 충청남도역사문화원, 2006, 『靑陽 鶴岩里·分香里 遺蹟 -圖面·圖版-』.
[126] 서성훈·신광섭, 1984, 「표정리백제폐고분조사」『중도Ⅴ』, 국립중앙박물관.

삽도 57. 웅진시기 병(①공주 옥룡동, ②공주 단지리 4지구 6호 횡혈묘, ③공주 공산성 석축연못, ④·⑦부안 죽막동 제사유적, ⑤청양 학암리 2호 가마터, ⑥완주 배매산성 배부병, ⑧완주 상운리 분구묘 라 지구 1-30호 목관묘)

삽도 58. 웅진시기 병(①공주 산의리 3호 석실분 반구병, ②보령 주산 유곡리 자라병, ③영암 만수리 2호분 유공횡병, ④고창 봉덕리유적 유공횡병, ⑤무안 맥포리 1호 토광묘 양이부병, ⑥광양 용강리 22호 무덤 환상병, ⑦서울 구의동 고구려유적 환상병)

주 산의리 3호 석실분과 연산 표정리 당골옹관묘 부장품[126]·횡혈식 석실분 부장품[127], 나주 복암리 3호분 4호 옹관에서 발견되었다. 그리고 횡병이 공주 산의리 19호 석실분에서 발견되었는데 한성 시기보다 작게 만들어졌지만 계란형의 몸통에 짧은 목이 달려 있다. 자라병은 목이 몸통의 어깨부분에 부착되어 있으며 바닥이 납작한 것으로 실제 자라가 목을 길게 빼고 걸어가는 듯한 형상이며 보령 주산 유곡리에서 확인되었다. 광양 용강리 22호 무덤에서는 백제의 것으로는 유일한 환상병이 확인된 바 있다. 환상병은 한강유역의 고구려유적인 구의동에서 확인된 것과 비교하면 색조가 다르지만 형태가 흡사하므로 고구려토기의 영향으로 보인다.

⑪ 기타

이상의 주요 기종 외에 벼루와 등잔이 있다.

벼루는 문방사우의 하나로 문자 발달과 밀접한 관련이 있다. 백제시대에 만든 토제벼루는 웅진시기에 들어와 처음으로 확인되었다. 한성시기는 중국에서 수입한 도자기로 된 벼루를 사용하였다. 웅진 Ⅱ기에 해당하는 공주 공산성 추정왕궁터 연못 내부 출토품은 입술이 곧추서고 내부에 먹을 가는 중앙부가 둥글게 올라왔으며 다리는 3개가 등간

삽도 59. 공주 공산성 석축연못 출토 벼루

---

127 안승주, 1976, 「논산표정리백제고분과 토기」 『백제문화』 9집, 공주대학교 백제문화연구소.

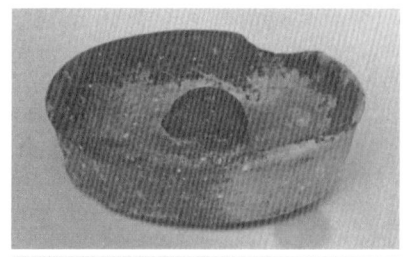

삽도 60. 웅진시기 등잔(공주 공산성 추정왕궁터 석축 연못, 공주 정지산, 공주 무령왕릉(위부터))

격으로 배치되었는데 그 끝이 바라진 형태이다. 이 벼루는 중국의 도자기 벼루 중 다리가 3개 달린 것을 모방하여 만든 것이다.

등잔은 웅진 Ⅱ기에 해당하는 공주 공산성 추정왕궁터 석축연못 내부에서 2점이 확인되었는데, 1점은 내부에 촉이 없고 나머지 1점은 촉이 있는 것이다. 공주 정지산 출토품은 내부에 촉이 없는 것으로 공산성 출토품보다 내부가 깊다. 공주 무령왕릉의 벽의 감실에서 나온 등잔은 중국 청자이다.

3) 사비시기

(1) 시기 구분

사비시기는 백제가 국가 경영의 틀을 더욱 견고히 하고 대외교류를 원만히 펼치기 위해 부여로 천도한 538년부터 660년까지를 말한다. 이 시기는 백제문화의 완성기이면서 절정기로, 백제토기 또한 가장 완벽한 제품이 제작되고 있다. 사비시기는 사비 Ⅰ기, 사비 Ⅱ기, 사비 Ⅲ기로 나누어볼 수 있다.

사비 I기는 웅진시기의 기종을 그대로 사용하면서 주변국과 적극적인 문화교류를 통해 이입되는 기종을 백제화하는 과도기적인 단계로 6세기 중엽 경까지이다.

사비 II기는 과도기적인 단계를 지나 백제화가 꾸준히 진행되고 백제토기의 고급화를 실현하는 단계로 회색토기가 등장하는 시기이다. 이 기간에는 백제토기가 규격화되

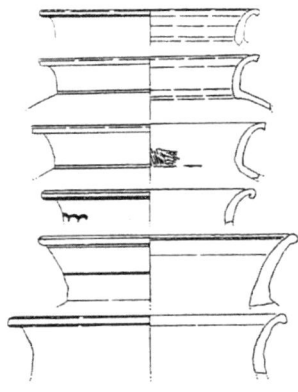

삽도 61. 부여 능사 하층 출토 대형단경호편 실측도

어 생산되고 보급이 엄격하게 제한된다. 6세기 중엽 경부터 6세기 말까지이다.

사비 III기는 백제토기가 모든 면에서 완성되고 실용적인 면이 강조되는 시기로 남부지방에 이르기까지 통일된 기종이 등장한다. 부장용은 지역별로 부장 양상이 다르게 나타나고 소형토기로 박장화된다. 7세기 초부터 7세기 중엽까지이다.

(2) 주요 기종과 변천

사비시기는 호류(단경호, 직구호), 고배, 삼족토기, 개배, 심발형토기, 시루, 완, 병, 기대, 자배기, 호자, 변기, 등잔, 연가, 도가니 등이 있다.

① 호류

호류는 어깨가 넓은 광견형으로 통일된다. 대형단경호는 목이 짧아지고 어깨가 최대로 넓어진다. 사비 I기는 부여 능사 하층에서

삽도 62. 사비시기 대형단경호(①부여 능사 북편건물지1, ②부여 염창리 옹관, ③부여 관북리 추정왕궁터, ④부여지방, ⑤부여 장암, ⑥부여 능사 북편건물터2)

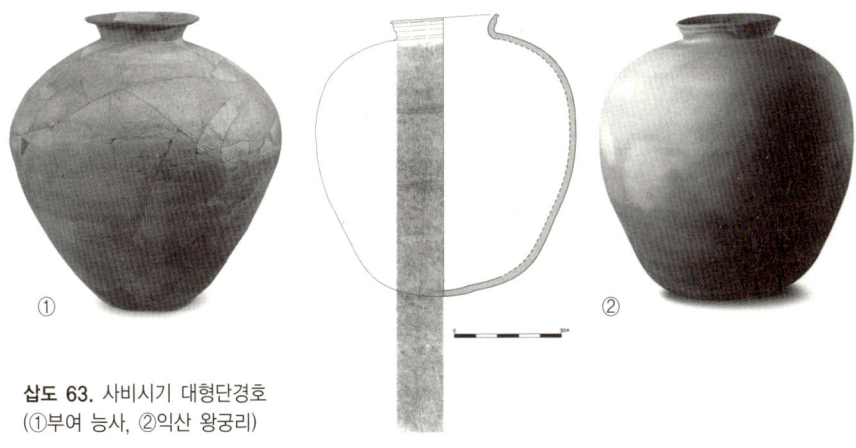

삽도 63. 사비시기 대형단경호
(①부여 능사, ②익산 왕궁리)

수습된 호가 대표적인데 입술이 바라지고 그 끝단 아래에 돌기가 있으며 목에 파상문을 그려 넣은 것도 있다.[128] 사비 Ⅱ기는 부여 능사 북편건물지1 출토품이 있는데 입술은 바라지고 그 끝단의 아래에 돌기가 있고, 몸통은 사비 Ⅰ기와 비슷하며 바닥은 둥글게 처리하였다. 사비 Ⅲ기가 되면 몸통이 가늘어지고 바닥은 둥근 형태에서 납작바닥으로 변한다. 이 시기에 옹관으로 사용한 것이 부여 염창리에서 발견되었는데, 특별히 호관묘壺棺墓라는 명칭으로 불려진 바 있으며 일상생활용을 전용轉用한 것이다.[129] 공주 정지산 출토 옹관은 입술의 윗면이 꺾이고 입술 아래가 뾰족하게 되거나 몸통 아랫부분이 어깨보다 확연하게 좁아지는 형태이다.

한편 사비 Ⅲ기에는 입술 부분이 C자형으로 바라진 형태와는 달리 입술의 끝단이 약간 바라지고 목에 1조의 돋을 띠가 있는 대형

---

[128] 김종만, 「성왕시대의 백제 생활토기」 『백제 성왕과 그의 시대』, 부여군백제신서3.
[129] 姜仁求, 1977, 『百濟古墳硏究』, 일지사.

삽도 64. 사비시기 중형단경호(①홍성 성호리 9호 석실분, ②서산 여미리 2호 와관묘, ③부여 저석리 5호 옹관묘, ④부여 구아리 북편우물터 하층, ⑤부여 관북리 수혈유적(철기제작소), ⑥ 익산 미륵사터)

삽도 65. 사비시기 중형단경호(①논산 육곡리 2호분, ②·③부여 능사 공방1, ④익산 왕궁리 주구부토기, ⑤부여 능사 주구부토기, ⑥전주 중화산동 화장장골용기)

단경호가 등장하는데, 부여 관북리 추정왕궁터·부소산성·장암면·능사, 익산 미륵사터·왕궁리에서 발견되었다. 부여 능사에서 발견된 대형단경호의 몸통에는 일반적으로 잘 볼 수 없는 어골문이 시문된 것도 확인되었다. 부여 관북리 추정왕궁터 출토품은 목과 어깨에 '북사北舍'명 도장이 찍혀 있는 것이다. 부여 장암면에서 수습된 것은 명문이 없고 발견 상황이 자세히 알려져 있지 않으나 일상생활용이 아닌 옹관으로 전용된 것으로 보인다. 이 형식은 왕궁터에서 출토되고 회색토기가 공반하고 있어 상류층에서 특별히 제작하여 사용한 것이라고 할 수 있다.

중형단경호는 소성도에 따라 회청색경질과 흑색와질이 있는데 입술 부분이 바라지고 몸통은 어깨가 넓은 광견형이면서 바닥은 납작한 것으로 통일된다. 사비 I기에 해당하는 유물 중 가장 빠른 단계는 홍성 성호리 9호 석실분 출토품인데, 입술 아래에 돌기가 있고 몸통이 아직 둥근 형태를 유지하고 있어 웅진 II기의 특징을 간직하고 있으나 몸통의 어깨가 약간 넓어지고 납작바닥으로 변화되었다. 서산 여미리 2호 와관묘瓦棺墓(기와로 만든 무덤) 출토품도 비슷한 형태이다. 영산강유역에서는 함평 석계 '90-2호 석실분·나주 복암리 1호분 연도 출토품이 이 단계에 해당한다.

한편 부여 능사 하층 출토품은 소성도에 따라 회청색경질과 흑색와질이 있으며, 입술의 단면 형태에 따라 둥근 것, 홈이 있는 것, 입술 하단에 턱이 있는 것 등으로 나눌 수 있다. 회청색경질의 중형단경호는 몸통 표면의 타날문이 거의 지워지고 몸통의 어깨에 등간격으로 선이 돌려진 것도 있다. 흑색와질의 중형단경호는 암문暗文이 있는 것이 있다. 부여 구아리 북편우물터 하층·부여 저석리 5호 옹관묘甕棺墓(독무덤)에서 발견된 흑색와질의 중형단경호

(파수부호)는 표면에 평행선문이 타날되고 몸통에는 양쪽에 대칭으로 따로 된 손잡이(帶狀把手)가 달려있는 것이다.

사비 Ⅱ기는 사비 Ⅰ기의 형태와 유사하고 부여 관북리 수혈유적(철기제작소)·궁남지·부여 쌍북리 부석유구 출토품[130]에서 보듯 몸통과 바닥의 경계지점을 깎기기법으로 처리하는 형태가 있다. 이러한 형태는 사비 Ⅲ기가 되면 부여 부소산성에서 발견된 바와 같이 몸통이 세장해지는 장통형으로 변한다.[131] 7세기 이후로 편년되고 있는 익산 미륵사터 출토품도 몸통이 장통형으로 나타난다. 이 시기의 일상생활 유적인 부여 능사·쌍북리 북포와 익산 왕궁리에서는 중형단경호의 몸통 중간에 액체를 따를 수 있는 주구注口(귀때)가 부착된 것이 확인된다. 논산 육곡리 2호분 출토품처럼 바닥이 더 좁아지고 최대 몸통지름이 위에 있는 기형으로 변하면서 소멸하는 것이 아닌가 한다. 와질로 소성된 중형단경호(파수부호)의 마지막은 전주 중화산동 2호 화장장골용기와 같이 몸통에서 바로 입술이 바라지면서 몸통의 높이가 낮아지는 형태로 변한다.

광구장경호는 사비 Ⅰ기의 부여 능사 하층유적·군수리 등에서 발견되었는데, 목에 돌은 띠가 있는 형식이다.[132] 이 단계가 지나면 광구장경호는 더 이상 보이지 않는다.

직구호는 직구단경호만 발견된다. 사비 Ⅰ기의 직구단경호는 몸통 최대지름이 위에 있는 특징을 가지며, 몸통 중간 부분에 음각선으로 구분된 2~3칸의 구획선에 밀집파상문 또는 파상문이 베풀

---

[130] 최봉균 외, 2010, 『부여 쌍북리 602-10번지 유적』, 백제문화재연구원.

[131] 김종만, 2006, 「부소산성출토 토기 소고」 『부소산성유적고증 연구』, 한국전통문화학교.

[132] 김종만, 「성왕시대의 백제 생활토기」 『백제 성왕과 그의 시대』, 부여군백제신서3.

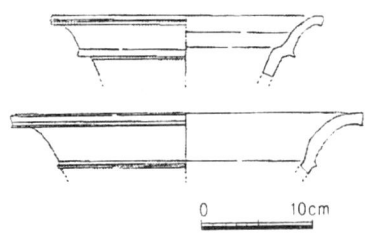

삽도 66. 부여 능사 하층 출토 광구장경호편 실측도

어지고 있어 이전 시기에 어깨에 나타났던 다양한 무늬는 소멸되기 시작한다. 이러한 현상은 사비Ⅱ기까지 이어진다. 대표적인 유물로는 부여 송국리 토광묘, 부여 군수리 유적 출토품이 있다.

사비Ⅱ기 말부터 직구단경호는 고분의 부장품보다는 화장장골용기로 사용되는 경우가 많아진다. 사비Ⅲ기가 되면 직구단경호는 몸통의 광견화가 더욱 뚜렷하게 이루어지면서 일상생활용 또는 화장장골용기로 이용되고 있다. 부여 관북리 추정왕궁터 출토품은 이 시기를 잘 대변하고 있다. 청양 관현리 질평 가마터 소성실에서 발견된 네 귀 달린 직구단경호는 가장 큰 것으로 와질 소성품이다. 직구단경호에 네 귀가 달린 것은 크기는 작지만 부여 능사 북편건물지2에서도 확인되었다.

화장장골용기는 모두 뚜껑이 있는 유개식이다. 사비Ⅱ기에 해당하는 것은 중국 수나라 때 제작된 것으로 알려진 오수전五銖錢(581년 이후)이 부장품으로 나온 부여 쌍북리 출토품이다. 사비Ⅲ기는 직구단경호의 몸통에 3~4줄의 음각선이 돌려지는 형태가 유행했는데, 중국 당나라 때 동전인 개원통보開元通寶(621년 이후)가 발견된 부여 쌍북리와 예산 호울리 출토품이 그 뒤를 잇고, 부여 군수리 출토품처럼 바닥이 좁아지고 최대 몸통지름이 가장 위에 있는 형태로 변천하는 것이 아닌가 한다. 그리고 논산 육곡리 석실분 출토 직구단경호는 더욱 좁아진 바닥의 형태로 보아 부장용으로서는 마지막 단계에 해당한다.

삽도 67. 사비시기 직구호(①공주 산의리 39호 석곽묘, ②보령 구룡리 석실분, ③청양 관현리 질평 가마터, ④부여 능사 북편 건물지2, ⑤부여 능사, ⑥부여 관북리 추정왕궁터, ⑦예산 호울리, ⑧부여 쌍북리, ⑨부여 군수리, ⑩논산 육곡리 6호 석실분, ⑪고창 육기부락)

    영산강유역의 직구단경호는 고분 부장품으로만 발견되고 있으며, 사비 Ⅱ기에 해당하는 것이 대부분이다. 장성 학성리 A지구 6호분 석실분 출토 직구단경호는 몸통에 시문된 무늬뿐만 아니라 보주형 꼭지가 부착된 뚜껑으로 보아 보령 구룡리 석실분 출토품과 비슷하다. 이러한 현상은 뚜껑에 꼭지가 없는 무뉴식 삼족토기의 분포와 비슷한 양상을 띤다. 이렇게 서해안지방을 따라 비슷한 기형이 발견되고 있는 것은 백제토기의 전파, 보급이 서해안을 따라서도 이루어지고 있음을 보여준다. 영산강유역의 직구단경호는 금강유역보다 일찍 소멸되는데, 그것은 화장장골용기로 사용된 예가 발견되지 않은 것과 연관이 있을 것이다.

한편 소형단경호 중에는 3~4개의 귀가 달린 것이 있다. 특히 논산 육곡리 6호 석실분, 익산 왕궁리유적, 고창 육기부락 출토품은 중국 도자기의 모방품으로 보인다.

② 개배

개배는 웅진시기보다는 많이 감소하는데, 이는 율령체제하의 생활용기 및 부장토기에 대한 국가의 적극적인 통제와 관련이 있어 보인다. 개배는 부여나 익산지방의 생활유적과 논산, 보령 등지의 고분에서 소량으로 발견되고 있다. 사비 Ⅰ기에 해당하는 것으로는 서산 여미리 Ⅰ지구 3호 석곽분, 홍성 성호리 9호 석실분, 부여 능사 하층 출토품을 들 수 있다. 웅진시기의 특징을 유지하고 있으며 몸통보다 입술 부분의 높이가 높다. 사비 Ⅱ기가 되면 입술 부분과 몸통의 높이가 비슷하게 된다. 부여 정림사, 나주 복암리 3호분 출토품이 여기에 해당한다. 사비 Ⅲ기의 고분에 부장된 개배는 입술부가 높지 않고 끝이 뾰족한 형태를 하고 있는데, 이는 중국과의 부단한 문화교류 속에서 얻어진 백제의 기술적인 발전의 결과로 생각된다. 부여 관북리 추정왕궁터, 보령 보령리 석실분, 논산 육곡리 석실분 출토품이 해당한다. 익산 왕궁리의 '彌力

삽도 68. 사비시기 개배(①서산 여미리 I 지구 3호 석곽분, ②나주 복암리 3호분, ③부여 관북리 추정왕궁터, ④보령 보령리 석실분, ⑤논산 육곡리 석실분, ⑥익산 왕궁리)

훅'가 쓰여 있는 개배는 사비 Ⅲ기에 해당하지만 입술 부분과 몸통이 높아 영산강유역의 특징이 늦게까지 남아 있음을 알 수 있다. 영산강유역에서는 생활유적보다는 명기적明器的인 성격을 갖고 고분에 부장되는 경우가 많다.

③ 삼족토기

삼족토기는 배형과 완형이 있다. 배형은 사비시기 전 기간을 통하여 꾸준히 발견되지만 양은 감소되었다. 사비 I 기는 배신이 매우 낮아졌으며 바닥의 가장자리에 삼족을 부착하며 다리의 끝이 바깥으로 벌어지도록 한 것이 특징으로 고분부장용보다는 일상생활용으로 확인되는 비율이 높은데, 부여 능사 하층 출토 유물이 대표적이다. 사비 Ⅰ기는 배형 중 뚜껑의 꼭지가 권대형을 하고 있는 것이 보령지방에서 발견된다. 권대형 꼭지를 갖는 삼족토기는 광주 월계동 1호 장고분 주구에서도 확인되었다. 부여 능사 하층에서는 완형이 수습되었다.[133]

사비 Ⅱ기는 부여 부소산성 북문지 부근 토기밀집유구, 서천 화산리고분군에서 확인되는 배형이 대표적이다. 영산강유역에서는 장성 동화 서양리,[134] 장성 만무리고분, 장흥 지천리유적 환호 출토품이 있다. 사비 Ⅲ기는 일상생활용과 고분부장용이 거의 소멸하는 단계이다. 부여 부소산성에서 발견된 삼족토기는 지름이 19cm나 되는 큰 것이 있으며 익산 미륵사터에서도 확인되었다.

한편 배형에 4개의 다리가 부착된 사족토기는 한성시기의 유적인 풍납토성 라-20호 집터·광명 도덕산성에서 발견되었다.[135] 웅진시기에는 보이지 않고 사비 Ⅲ기에 해당하는 부여 궁남지와 고창 장곡리에서 확인되었다.

④ 고배

고배는 이전과 마찬가지로 유개식과 무개식이 있다. 사비 Ⅰ기에 해

---

[133] 김종만, 2006, 「성왕시대 백제 생활토기」『백제의 성왕과 그의 시대』, 부여군백제신서3.

[134] 國立光州博物館, 2003, 『長城 諸兵協同訓練場 文化遺蹟 地表調査 報告書』.

[135] 사족토기는 대구 달성토성의 성 기반토층에서 1점이 확인되었다. 흑색와질소성이며 입술 부분과 몸통의 어깨에 암문이 시문되어 있다. 백제의 흑색마연토기에 암문이 있는 것과 매우 흡사한 방법으로 무늬를 시문하였으며 낙랑의 토기 제작기법과 유사한 것으로 생각된다. (경북대학교 박물관, 1990, 『원삼국시대 문물전』.)

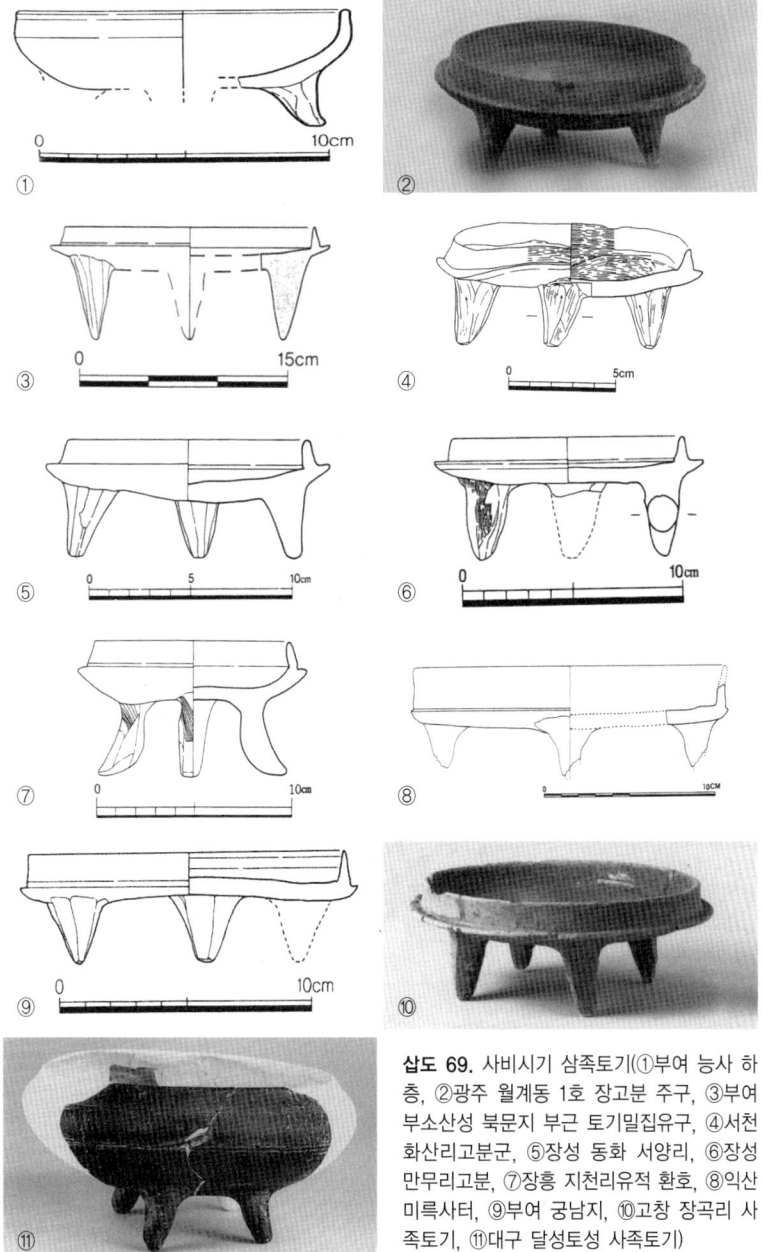

삽도 69. 사비시기 삼족토기(①부여 능사 하층, ②광주 월계동 1호 장고분 주구, ③부여 부소산성 북문지 부근 토기밀집유구, ④서천 화산리고분군, ⑤장성 동화 서양리, ⑥장성 만무리고분, ⑦장흥 지천리유적 환호, ⑧익산 미륵사터, ⑨부여 궁남지, ⑩고창 장곡리 사족토기, ⑪대구 달성토성 사족토기)

1. 시기별 특징과 주요 기종 137

당하는 고배는 부여 염창리 Ⅲ-62호 석실분에서 확인되었는데 몸통의 높이보다 다리가 길어진 형태를 하고 있다. 부여 능사 하층에서 발견된 고배 중에는 몸통에 원형의 어자문이 찍힌 것이 발견되었는데 익산 신용리 가마터 출토품과 유사하다. 사비 Ⅱ기가 되면 금강유역에서는 고분부장용은 더 이상 확인되지 않고 부여 군수리·관북리 추정왕궁터·궁남지·서나성·부소산성 북문지 부근 토기밀집유구 등의 생활유적에서 소량이 발견되었다. 고배의 몸통과 다리는 낮게 만들어졌으며 다리에 원형 투공이 있는 것은 없다. 서천 봉선리 고분군에서 발견된 단각고배는 백제 고유의 형태에서 벗어난 것으로 신라와의 문화교류에 의해 나타났을 가능성이 많은 것으로 이해된다.[136]

영산강유역의 고배는 몸통의 입술과 다리의 높이가 낮아진다. 유개식은 함평 석계고분군, 신안 내양리고분에서 발견되었는데,[137] 다리의 밑부분은 급격하게 바라지면서 띠가 있어 연산 모촌리 고분군 출토 고배와 같이 웅진시기의 특징을 간직하고 있다. 무개식은 나주 복암리 고분군에서 2점이 수습되었는데, 그중 3호 무덤 11호 석곽묘에서 발견된 것은 몸통에 침선이 있고, 받침에 투공이 없어지고, 돋을 띠 윗부분의 높이가 낮아지고 있어 후기적인 요소라고 할 수 있으며, 신라계 양식의 영향으로 보인다.[138]

---

[136] 金鍾萬, 1990, 「短脚高杯의 歷史性에 대한 硏究」, 忠南大學校碩士學位論文.
　　　, 1995, 「충남서해안지방 백제토기 연구-보령·서천지방을 중심으로」, 『백제연구』 25집, 충남대학교 백제연구소.

[137] 은화수·최상종·윤효남, 2004, 「신안 내양리고분 출토유물」, 『해남 용일리 용운고분』, 국립광주박물관.

[138] 尹武炳, 1978, 「注山里古墳群」, 『大淸댐水沒地區發掘調査報告』, 충남대학교박물관.

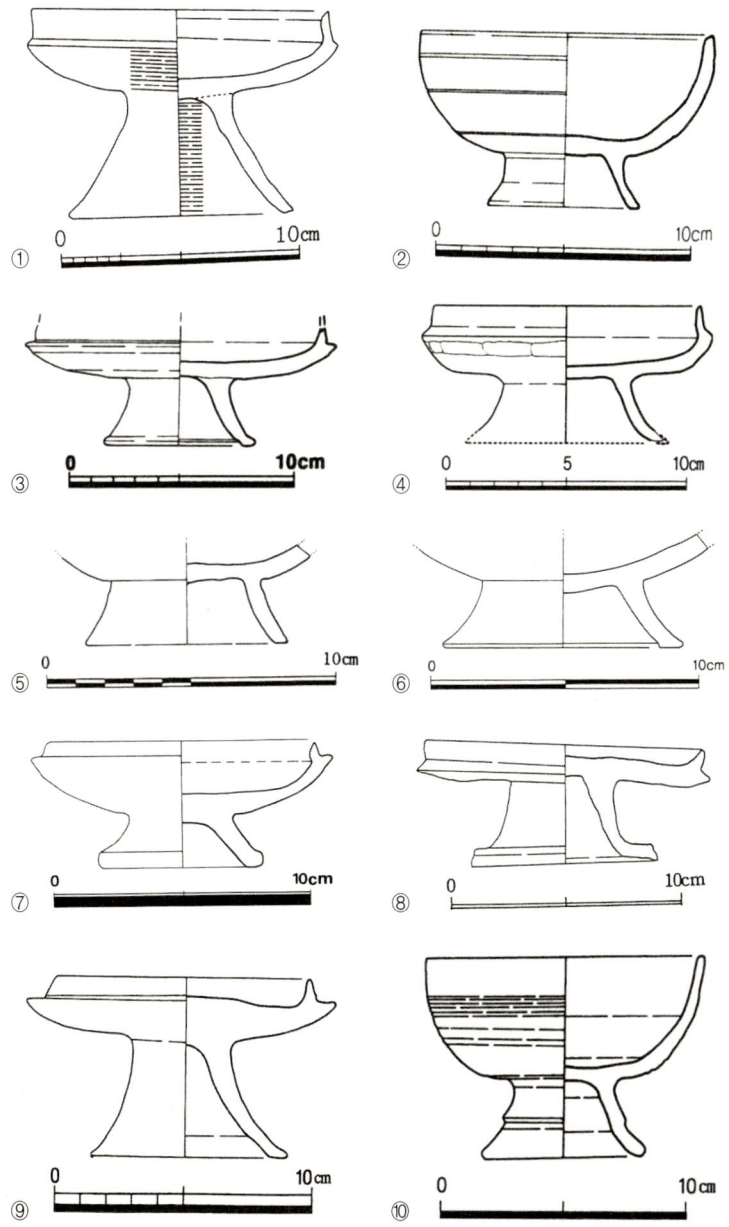

삽도 70. 사비시기 고배(①부여 염창리 Ⅲ-62호 석실분, ②부여 능사 하층, ③부여 군수리, ④부여 관북리 추정왕궁터, ⑤부여 궁남지, ⑥부여 부소산성 북문지 부근 토기밀집유구, ⑦서천 봉선리고분군, ⑧함평 석계고분군, ⑨신안 내양리고분, ⑩나주 복암리 3호 무덤 11호 석곽묘)

⑤ 자배기

자배기는 시루와 비슷한 모양으로 일상생활용이다. 고구려 고분벽화에서 우물가에 놓여 있는 것이 확인되고 있는데 액체를 나르는 용기로 사용되었다. 자배기는 입술부의 형태에 따라 길게 바라진 것, 짧게 바라진 것으로 대별할 수 있는데, 길게 바라진 것이 시기적으로 빠르다. 입술 부분의 형태에 따라 수직형, 둥근형, 사각형 등이 있다.

자배기는 고구려의 남하에 따라 한성 Ⅲ기에 한강유역에 등장한 것으로 알려지고 있으나[139] 한성시기에 자배기의 입술 부분과 비슷한 형태는 존재하지만 전체적인 형태는 고구려의 것과 다르다. 웅진시기의 것은 아직 발견 예가 없다.

사비 Ⅰ기의 자배기는 부여 능사 하층·증산리 Ⅱ지점 2호 수혈·송국리 '75-56지구 원형구덩이 Ⅰ층, 대전 월평동 유적에서 확인되었다. 입술이 길게 바라지고 그 끝이 둥글고 평행선 타날이 있는 몸통은 완만하게 좁혀져 내려가고 바닥을 납작하게 만든 특징을 갖는다. 부여 청마산성에서 발견된 자배기는 경질소성이며 기존의 형태와 다른 것으로 우각형 손잡이가 달리고 내부가 깊은 것이 특징이다.

사비 Ⅱ기는 부여 정암리 A지구 가마터 출토품이 있는데 사비 Ⅰ기와 비교할 때 입술 부분이 약간 짧아지는 특징을 갖는데, 처음에는 와도겸업 체제에서 만들어지다가 약간 시기가 내려가면 부여 송국리가마터·추양리가마터와 같이 토기만을 전문적으로 생산하는 가마(窯)에서 생산된다. 와도겸업 체제를 벗어나서도 자배기가 토기가마에서 흑색토기로 계속해서 만들어지게 된 것은 일상

---

[139] 金元龍·任孝宰·朴淳發, 1988, 『夢村土城』, 서울대학교박물관.

삽도 71. 안악 제3호분 우물가 풍경. 오른쪽 인물 옆에 자배기가 보인다.

생활에서 널리 사용된 생활토기로서 수요가 폭발적으로 증가함에 따라 이루어진 것이다.

사비 Ⅲ기는 부여 관북리 추정왕궁터 연못, 익산 미륵사터·왕궁리유적에서 발견된다. 자배기의 입술 부분이 짧게 바라진 특징을

삽도 72. 사비시기 자배기(①부여 능사 하층, ②부여 증산리 Ⅱ지점 2호 수혈, ③부여 송국리 '75-56지구 원형구덩이 Ⅰ층, ④대전 월평동 유적, ⑤부여 정암리 A지구 가마터, ⑥부여 청마산성, ⑦익산 왕궁리유적, ⑧익산 무형리)

갖는다. 부여 관북리 추정왕궁터 연못 출토품은 대형으로 몸통에 4개의 손잡이가 달려 있다. 자배기는 무덤의 관棺으로도 사용되었는데, 이는 부여지방 호관묘壺棺墓의 발전과 관련이 깊은 것으로 보이며, 익산 무형리에서도 발견되었다.

⑥ 시루

시루는 한성·웅진시기 시루의 형태와는 다르고 자배기와 동일한 형식을 사용하는 경우가 많으며 바닥에는 중앙의 둥근 구멍을 중심으로 주위에 중앙보다 약간 작은 둥근 구멍을 배치하고 있어 이전 시기의 삼각형 구멍은 자취를 감춘다. 사비 I 기의 대표적인 것으로는 부여 정동리 4호 집터 출토품을 들 수 있다. 또한 부여 소룡골유적에서 확인된 시루에는 '증甑'이라는 한자가 새겨져 있는데 '와瓦'변이 왼쪽에 있다.[140] 사비 II기는 부여 쌍북리 출토품을 들 수 있으나, 이 시기부터는 시루가 잘 발견되지 않고 있는데 그 이유는 토제가 철제로 변하고 이것을 이사할 때마다 필수품으로 가지고 다녔기 때문으로 알려지고 있다.[141]

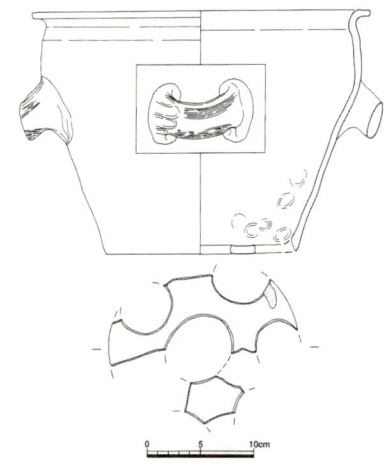

삽도 73. 사비시기 시루(부여 정동리 4호 집터, 부여 소룡골(위부터))

---

[140] 尹武炳·李康承, 1985, 「부여 소룡골건물지 발굴조사보고」 『백제연구』 16집, 충남대학교 박물관.

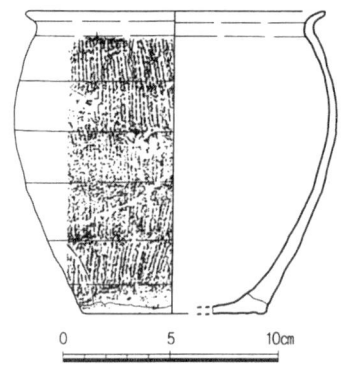

삽도 74. 사비시기 심발형토기(부여 관북리 추정왕궁터, 나주 대안리 5호 석실분, 나주 복암리고분군(위부터))

⑦ 심발형토기

심발형토기는 대폭 감소되었으며 사비 I기의 것으로는 청양 장승리 A-17호 주구횡혈식석실분(주구변형궁륭상석실분) 출토품이 있는데, 몸통에는 승석문이 시문되어 있고, 입술부는 몸통에서 목의 구성 없이 바라졌다. 입지름보다 몸통이 넓고 몸통의 아랫부분에는 예새로 다듬은 자국이 남아 있다.[142] 사비시기 심발형토기는 대개 사비 Ⅲ기에 해당하는 것이다. 금강유역에서는 논산과 서천지방의 횡혈식석실분에서 확인된다. 금강유역에서 발견된 심발형토기는 몸통보다 넓어진 입술, 몸통의 최대지름이 바닥으로 내려갈수록 갑자기 좁아지며 광견형을 이룬다. 몸통에는 모두 승석문이 타날되고 있으며, 형태·제작기법에서 비슷하게 나타난다. 부여 관북리 추정왕궁터에서 몇 점이 확인되었는데 승문과 승석문이 타날되어 있으며 그중에는 도가니로 전용된 것이 발견되었다.

---

[141] 鄭鍾兒, 2006, 『百濟 炊事容器의 類型과 展開樣相』, 충남대학교 석사학위논문.
[142] 유기정·전일용, 2004, 『청양 장승리 고분군』, 충청문화재연구원.

무덤부장품으로 대표적인 것은 논산 육곡리 2호분 출토품이 있다.

영산강유역에서는 순천 검단산성, 나주 대안리고분·복암리고분군 등에서 발견되고 있다. 나주 대안리 5호 석실분과 순천 검단산성 출토품은 몸통과 바닥 사이를 깎아 다듬었는데, 이러한 제작기법은 바닥을 먼저 만들고 몸통을 테쌓기 등의 기법으로 쌓은 데서 오는 표면 조정기법 중의 하나로 한성시기 이래의 전통이라고 할 수 있다.

⑧완

완은 배식용기로서 여전히 다양한 생활유적에서 많이 발견되고 있다.

사비 Ⅰ기는 완의 형태가 다양한데, 입술이 곧추서고 굽이 있는 것과 없는 것이 공존하며 와질 소성이 많다. 굽이 있는 대부완은 중국 동제완을 모방한 것도 있다. 또한 완의 내외면에 칠을 바른 것도 있다. 부여 구아리·능사 하층·쌍북리 북포 출토품이 대표적이다. 사비 Ⅱ기는 사비 Ⅰ기와 양상은 비슷하나 말기에 가서는 굽이 달린 회색토기가 새로 등장한다. 회색토기는 백제시대에 만든 완 중 가장 정제된 토기로서 부여 관북리 추정왕궁터·부소산성·능사 등 부여 시내와 익산 왕궁리·미륵사터, 김제 신덕동 등 최고의 유적에서 확인된 높은 위계를 갖고 있다.

사비 Ⅲ기에는 고분 부장품으로 발견된 예도 있는데, 서천 화산리 9호 무덤에서는 회청색경질의 굽 달린 대부완이, 부여 지선리 4호 석곽묘에서는 굽이 없는 흑색의 와질 완이 출토되었다.[143] 굽이 없는 흑색의 와질 완 중에는 표면에 평행선문이 타날된 예가 있는데, 부여 정암리 가마터 출토품과 같이 와도겸업 체제에서 만들어

삽도 75. 사비시기 완(①부여 능사 하층, ②부여 구아리 우물터, ③부여 관북리 추정왕궁터, ④·⑤익산 왕궁리, ⑥서천 화산리 9호 무덤, ⑦부여 능사 공방1)

삽도 76. 사비시기 완(①부여 정암리 가마터, ②부여 초촌 신암리, ③나주 복암리 2호분 서쪽 주구, ④나주 복암리 3호분)

진 것이다. 사비Ⅲ기는 사비Ⅱ기의 양상이 이어지며 완과 대부완이 만들어진다. 청양 관현리 질평 가마터 출토품이 이에 해당한다. 완은 입술이 곧추서고 몸통과 바닥은 둥근 것도 있지만 대부분 각이 지는 특징을 갖는다. 대부완은 회색토기가 주류를 이룬다. 부여 정림사터에서 흑색와기가 발견되었다. 부여 능사 공방1에서는 완의 내외면에 칠을 바른 것이 있는데, 사비Ⅰ기 이후에 줄곧 만들어졌다. 칠바른 완은 흑색와질의 완이 갖는 미비점을 보완

---

[143] 國立扶餘文化財硏究所, 1991, 『扶餘 芝仙里古墳群』.

한 것으로 동제완을 모방하면서 고급화되고 있음을 알 수 있다. 회색토기 대부완은 부여 초촌 신암리에서 화장장골용기로도 사용되었다. 익산 왕궁리유적에서는 다양한 완이 발견되었는데, 사비 Ⅲ기의 마지막 단계에 해당하는 입술이 바라진 형태도 확인되었다.

영산강유역의 순천 검단산성에서 사비 Ⅲ기로 볼 수 있는 입술이 바라지고 굽이 달린 와질 소성의 완이 발견되었다. 이 검단산성 출토품은 부여 정암리 A지구 가마터 출토품과 비슷한데, 평행선이 타날된 것으로 소성도는 경질이다. 순천 검단산성에서는 입술이 바라진 완도 나왔다. 회색토기 완과 유사한 것이 나주 복암리 2호분 남쪽주구와 서쪽주구에서 발견되었다.[144] 나주 복암리 2호분 서쪽주구에서 발견된 완은 금강유역의 굽 달린 대부완과 흡사하다.[145]

⑨ 전달린토기

전달린토기는 받침이 있는 대부완의 입술 부분 아래에 횡으로 약 2cm 정도의 전을 돌린 뒤 전의 일부를 잘라낸 것으로 전체 평면은 횡타원형, 톱니모양, 6각형 등이 있는데, 모두 뚜껑이 있는 유개식이다. 전 위에 있는 입술단의 높이에 따라 높은 것과 낮은 것으로 나눌 수 있다. 입술 끝이 높은 것은 전의 형태에 따라 수평을 이룬 것, 사각을 이룬 것으로 세분된다.

전달린토기는 사비 Ⅰ기에 처음 등장한다. 567년을 하한으로 하는 부여 능사 하층에서 전 위에 있는 입술이 낮은 것이 확인되었는데, 모두 회청색경질로 겉면에 칠이 되어 있다.[146] 토기에 칠을 한

---

[144] 임영진·조진선·서현주, 1999, 『복암리고분군』, 전남대학교박물관.
[145] 임영진·조진선·서현주, 1999, 『복암리고분군』, 전남대학교박물관.

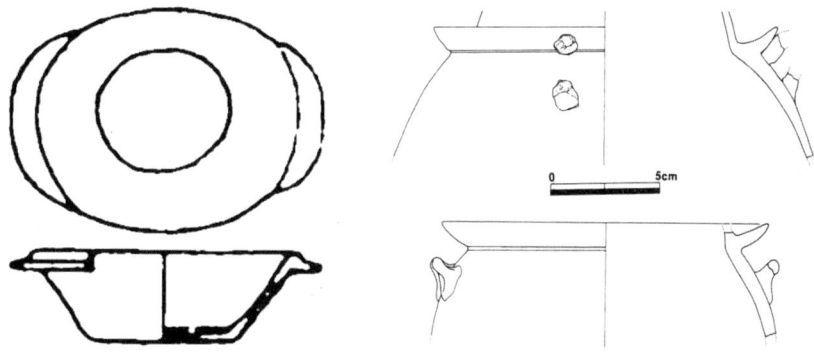

삽도 77. 중국 집안 삼실총 전달린토기   삽도 78. 부여 부소산성 출토 중국 청자(耳附罐)

것은 칠목기나 금속기를 모방한 것으로 중국문물의 수용을 잘 보여주는 것이다. 고구려토기 중에서도 전달린토기는 집안 삼실총 제1실,[147] 서울 아차산과 구의동에서 발견되었다. 집안 삼실총 제1실에서 발견된 것은 전을 전면에 두른 다음 잘라낸 것이 아니고 귀처럼 양단에 붙이고 밑은 편평한 굽으로 만들어 제작기법이 다르다는 것을 알 수 있다. 그러므로 전달린토기가 고구려토기의 영향으로 만들어졌다는 점은 앞으로 검토가 필요하다.

사비 Ⅱ기는 전달린토기가 회색토기로 만들어지고 있으며, 부여 부소산성·능사에서 발견되고 있다. 또한 전 위에 있는 입술부가 낮은 것이 부여 궁남지에서 확인되었다. 사비 Ⅲ기는 전 위에 입술부가 높은 것만 출토되며 낮은 것은 소멸하는 것으로 추정된다. 이 단계의 대표 유적은 부여 관북리 추정왕궁터, 익산 왕궁리 서벽 내측 와열 웅덩이 남쪽의 기와 밀집지점에서 수습된 것이다.[148] 서산 출

---

[146] 金鍾萬, 2003, 「泗沘時代 灰色土器의 性格」『湖西考古學』 9집, 호서고고학회.

[147] 金基雄, 1992, 「토기」『한국사론』 15, 국사편찬위원회.

삽도 79. 사비시기 전달린토기(①·②부여 능사 하층, ③부여 관북리 추정왕궁터, ④충남 서산, ⑤익산 왕궁리 서벽 내측 와열 웅덩이, ⑥·⑦익산 왕궁리, ⑧나주 복암리 2호 북쪽주구)

토로 알려진 전달린토기는 태토, 색조, 형태에 있어 부여·익산지방 출토품과 같은 것으로 전달린토기의 북쪽 한계를 알려주는 자료이다. 전이 사각斜角을 이루는 것이 확인되었는데, 부여 부소산성·능사와 익산 왕궁리유적에서 발견되었다. 이 형식은 부여 부소산성에서 발견된 중국 청자 이부관耳附罐에서 볼 수 있듯이 중국 도자기·칠

---

148 國立扶餘文化財硏究所, 2006, 『王宮里-發掘中間報告V』, pp334~336.

기의 영향으로 나타난 것으로 짐작된다. 전이 톱니모양, 6각형으로 된 것은 익산 왕궁리유적에서만 발견되었다.

한편 영산강유역에서는 나주 복암리 2호 북쪽주구에서 수습되었는데, 표면에 평행선문이 있는 것을 그대로 남겨두고 있다.

⑩ 접시

접시는 굽의 유무, 몸통의 높이에 따라 나눌 수 있다. 사비 I 기는 굽이 없는 형식이 주류를 이루고 있으며 이전 시기보다 작아지고 몸통이 높아진다. 부여 능사 하층에서 발견된 접시는 굽이 없는 것으로 몸통의 높이에 따라 얕은 것과 높은 것이 있다. 몸통이 높은 것은 모두 칠이 되어 공헌용기로 사용되었음을 알 수 있다. 사비 Ⅱ기의 부여 정암리 B지구 2·3호 가마터 요전회구부窯前灰丘部 및 6호 가마터 소성실 출토품을 보면 몸통이 바라지며 올라가고 몸통과 바닥이 각이 져 있는데 반해 좀 더 시기가 내려가면 동 지구 7호 가마터 출토품처럼 입지름이 더욱 좁아지고 몸통과 바닥과의 경계가 둥글게 처리된다.[149] 부여 관북리 추정왕궁터에서 수습된 것은 바닥에 3개의 원형 구멍이 뚫려 있어 음식을 데워 먹을 수 있도록 하였거나 올려진 재료의 물기가 밑으로 빠질 수 있도록 한 것으로 보인다.

굽이 달린 형식은 사비 Ⅱ기 말이나 사비 Ⅲ기에 유행한 회색토기로 만들어지고 부여와 익산지방에서만 발견되는 특색을 갖고 있다. 이 형식은 부여 관북리 추정왕궁터에서 굽 달린 대부완과 공반하고 있기 때문에 공주 무령왕릉 출토 동제접시와 동제완처럼 한 벌이며,

---

[149] 신광섭·김종만, 1992, 『부여 정암리 가마터(Ⅱ)』, 국립부여박물관.

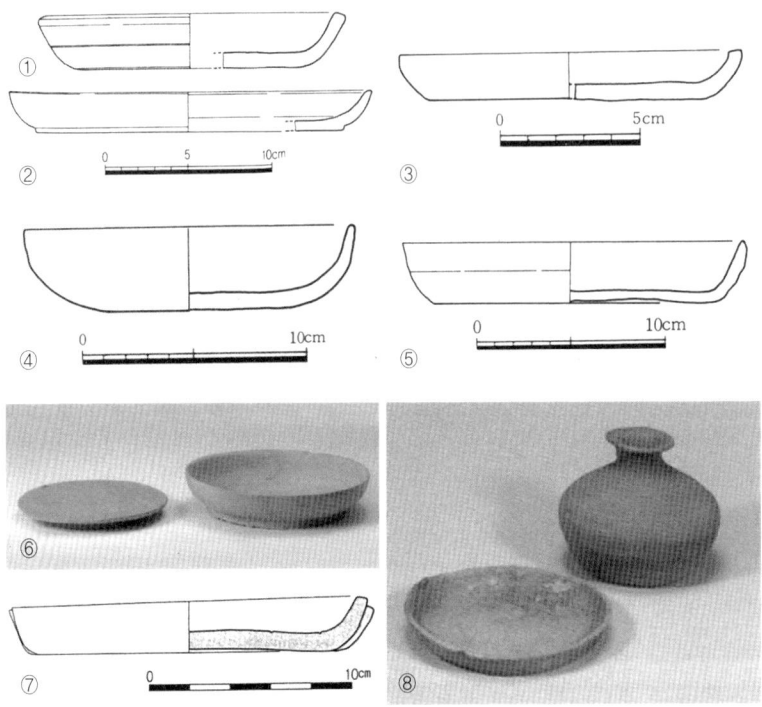

삽도 80. 사비시기 접시(①·②부여 능사 하층, ③부여 정암리 B지구 2호 가마터 요전회구부, ④부여 정암리 B지구 7호 가마터 요전회구부, ⑤부여 정암리 B지구 6호 가마터 소성실, ⑥부여 관북리 추정왕궁터, ⑦·⑧익산 왕궁리)

동제품 또는 도자기를 본따 만든 규격화된 제품이다. 굽이 달린 접시는 내부가 깊은 것과 그렇지 않은 2종류가 있다. 몸통의 내부가 깊은 굽달린 접시는 물건을 담을 때 쓰였던 것으로 볼 수 있겠지만 나주 복암리 1호분 출토 녹유접시를 통해 볼 때 굽달린 완을 올려놓는 받침으로도 사용되었을 것이다. 몸통의 내부가 깊지 않고 편평한 것은 음식물을 담았던 것으로 추측된다. 일본 나라지역의 후지와라궁[藤原宮]의 토기[150]를 살펴보면 굽달린 접시에 음식물을 담아놓은 모습은 좋은 참고가 된다. 영산강유역에서는 아직 굽달린 접시가 발

삽도 81. ①공주 무령왕릉 출토 동제완·동제접시, ②나주 복암리 1호 무덤 출토 녹유접시

견된 적이 없지만, 나주 복암리 1호분 출토 녹유접시를 볼 때 영산강유역에서 모방품 또는 방제품이 발견될 가능성이 있다.

⑪ 병

병은 단경병, 장경병, 양이부편병兩耳附扁瓶, 사이부병四耳附瓶, 반구병, 횡병, 자라병, 배부병이 있다. 사비 Ⅰ기는 단경병이 주로 확인되고 있으며 몸통의 형태는 광견형이다. 일상 생활유적과 고분유적에서 공히 발견되고 있으며 논산 표정리고분,[151] 장성 학성리 A-6호 무덤, 나주 복암리 1호 무덤처럼 납작바닥에 몸통이 횡타원형으로 된 것도 있다. 몸통이 타원형을 이루는 형식은 금강 이남지역에서 유통된 형태로 중국제 계수호鷄首壺[152]와 같은 병형토기의 영향으로 나타난 요소 중 하나가 아닌가 한다. 횡병은 함평 월계리 석계 4호 석실

---

[150] 奈良國立文化財研究所飛鳥藤原宮發掘調査部, 1991, 『藤原宮と京』.

[151] 안승주, 1976, 「논산 표정리 백제고분과 토기」『백제문화』9집, 공주대학교 백제문화연구소.

[152] 李南奭, 1999, 「古墳出土 黑釉鷄首壺의 編年的 位置」『湖西考古學』창간호, 호서고고학회.

삽도 82. 공주 수촌리 II-4호 석실분 출토 중국제 흑도계수호(위), 중국 산서 고적 회락묘庫狄迴洛墓 출토 금동제수병(아래)

분에서 발견된 것이 이 시기에 해당한다.[153] 배부병은 소멸 단계에 있으나 대전 월평동 목곽고·부여 쌍북리에서 발견된 것이 있다.

사비 II기는 단경병의 목이 낮아지고 몸통에 비해 입지름이 더욱 작아진다. 그러면서 입술 부분의 끝이 사각을 이룬다. 사비 I기에 보이지 않았던 장경병이 등장하고 있는데, 웅진 I기에 나타난 장경병과는 다르다. 즉, 부여지방에서 발견되는 장경병은 중국 북조에서 유행하던 수병(土製, 銅製)을 모방하여 나타난 것이라고 생각된다.[154] 장경병이 부여 동남리 절터·능사 등 사찰에서 발견되고 있는 것은 당시 불교문화의 도입과 밀접하게 연관되어 있음을 알 수 있다. 장경병 중에서도 굽이 있는 대부장경병이 부여 관북리 추정왕궁터 I구역 토

---

[153] 林永珍, 1993, 「咸平 月溪里 石溪古墳群 I」, 全南大學校博物館.

[154] 李蘭暎, 1978, 「韓國古代의 金屬瓶」『美術資料』 23호, 국립중앙박물관.
徐聲勳, 1980, 「百濟의 土器瓶 考察」『百濟文化』 13집, 공주대학교 백제문화연구소.

제도수관 매립성토층·동남리 절터에서 발견되었다. 특히 부여 관북리 출토품은 구절기법球切技法에 의해 만들어졌으며 표면에는 횡선대와 더불어 나무도구로 표면을 조정한 자국(木理痕)이 남아 있다. 장경병은 영산강유역의 나주 대안리 4호 무덤, 해남 용일리 용운 3호 무덤 출토품이 있다.[155] 부여의 부소산성·용정리에서는 비교적 규모가 큰 네 귀 달린 병이 확인되었는데, 꽃병일 가능성이 있고 중국 도자기를 모방한 것으로 보인다. 신안 내양리고분에서 발견된 양이부편병은 입술 부분이 바라지고 둥근 몸통에는 양쪽에 귀가 달렸는데 가운데에 구멍이 뚫려있다. 이 단계의 횡병이 부여 능사 북편건물지1에서 확인되었는데, 한쪽이 편평한 것이다.

사비 Ⅲ기는 금강유역의 고분에 부장되는 단경병이 도성 주변지역인 논산, 보령, 서천, 서산지방에서 확인된다. 영산강유역의 함평 석계 '90-4호 무덤 출토 단경병은 서천 봉선리·화산리고분에서 출토된 병처럼 목이 중앙부에서 약간 치우쳐 있으면서 몸통의 형태가 말각방형을 띠고 있어 재지적인 특징을 갖는 토기문화가 서해안을 따라 나타나고 있음을 보여준다. 입술의 형태가 마치 반盤처럼 생긴 반구병이 논산 육곡리 석실분, 보령 보령리 석실분에서 확인되었다. 반구병은 시기가 내려가면서 높게 만들어진 입술 밑에 1줄의 돋을 띠가 마련된다. 영산강유역에서는 나주 복암리 3-7호 석실분 출토 단경병이 담양 제월리 및 나주 흥덕리 출토품보다 광견화가 정착되고, 입술도 발달된 형태를 띠고 있어 가장 늦은 시기에 해당한다. 부여 궁남지 동서수로Ⅴ, 임실 성미산성에서는 작은 몸통에 큰 입술을 가진 자라병이 발견되었다.

---

[155] 송의정·은화수·최화종·윤효남, 2004, 『해남 용일리 용운고분』, 국립광주박물관.

삽도 83. 사비시기 병(①논산 표정리 예술고분, ②장성 학성리 A-6호 무덤, ③나주 복암리 1호 무덤, ④부여 동남리절터, ⑤부여 능사, ⑥부여 관북리 추정왕궁터 I구역 토제도수관 매립성토층, ⑦나주 대안리 4호 무덤, ⑧해남 용일리 용운 3호 무덤, ⑨부여 부소산성)

삽도 84. 사비시기 병(①신안 내양리고분, ②함평 석계 '90-4호 무덤, ③서천 화산리고분, ④부여 능사 북편건물터1, ⑤함평 석계 '90-4호 석실분, ⑥논산 육곡리 석실분, ⑦보령 보령리 석실분, ⑧나주 복암리 3-7호 석실분, ⑨부여 관북리 정병)

⑫ 기대

기대는 주로 생활유적에서 발견되며 후기에는 옹관의 막음용으로 사용되기도 하였다. 사비 Ⅰ기는 고배형이 거의 소멸되고 있지만 부여 능사 하층에서 다리 부분이 확인되었다. 장고형은 부여 부소산성 남문터 출토품이 가장 이른 시기의 것으로 받침부만 남아 있는데 공주 정지산·논산 표정리 당골 출토품처럼 웅진시기의 특징을 갖고 있다. 부여 군수리유적에서 수습된 장고형은 그릇의 맨 윗부분에 해당하는 것으로, 음각선으로 된 파상문이 소멸되고 평행선문이 타날되며 입술의 아래에 홈이 만들어진다.[156] 사비 Ⅱ기에는 전체 크기가 작아지며 그릇 밑에 장식되는 원구圓球의 형태도 작아지면서 완만해지며, 받침(臺脚)의 중간부가 약간 각진 것에서 둥근 형태로 변한다. 그리고 몸통에 톱니무늬가 고사리무늬와 같이 사용되다가 고사리무늬만 남게 되나 형식화되고, 삼각형·장방형 투공이 소멸되고 원형 투공이 장식된다. 받침의 원형 투공은 원형+쌍원형에서 원형+하트형으로 변한다.

사비 Ⅲ기가 되면 고배형은 이전의 형태에서 많이 벗어나 곧추선 입술을 가진 반원형의 몸통에 거의 일직선에 가깝게 내려온 다리에는 원형 투공이 있는 것이 부여 관북리 추정왕궁터에서 발견되었다. 장고형은 받침부에 있는 하트형의 투공이 뒤집어진 상태로 변하거나 화염문처럼 윗부분이 뾰족하게 된 것과 원문이 찍혀져 있는 것이 있다. 표면의 침선 문양은 평행선문+파상문이 결합된 상태로 나타나거나 문양이 없는 것도 있다. 부여 능사 북편건물

---

[156] 김종만, 「성왕시대의 백제 생활토기」 『백제 성왕과 그의 시대』, 부여군백제신서3.

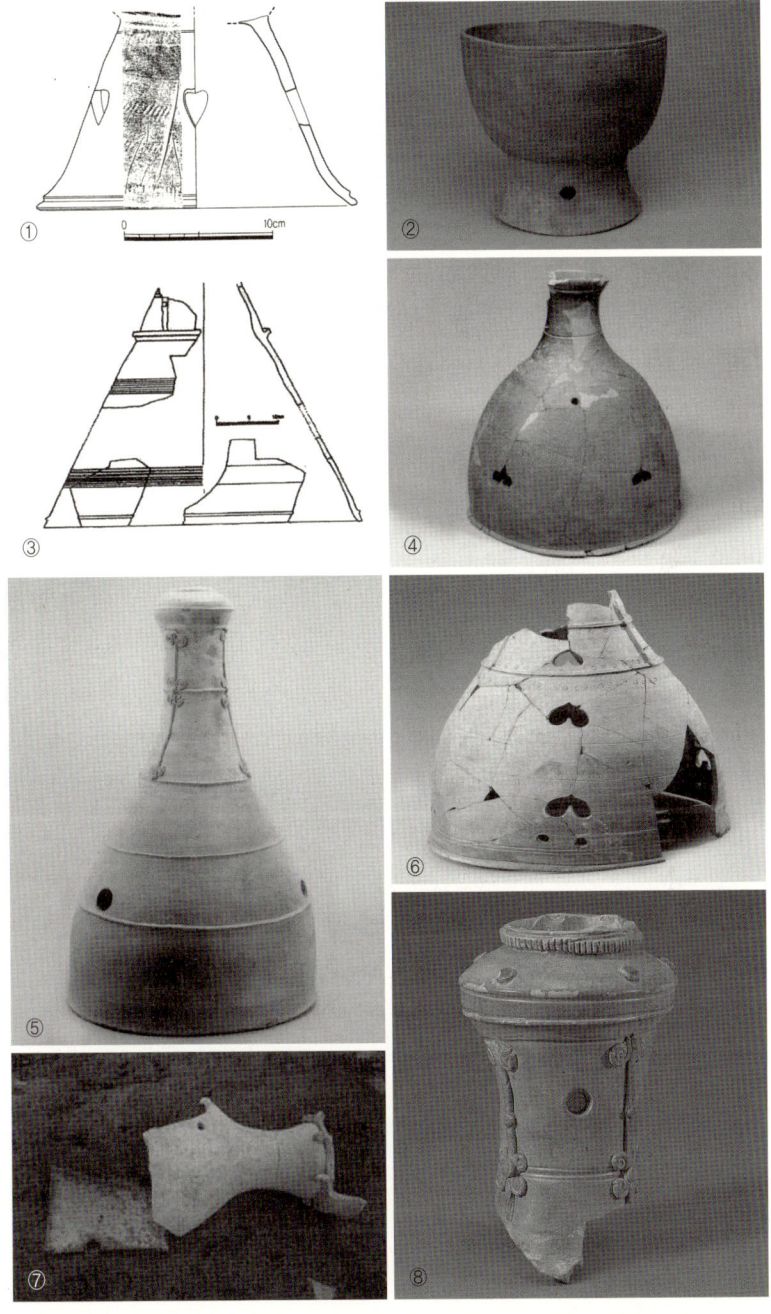

삽도 85. 사비시기 기대(①부여 능사 하층, ②·④부여 관북리 추정왕궁터, ③부여 부소산성 남문터, ⑤부여 신리, ⑥부여 능사 북편건물터2, ⑦김제 신덕동, ⑧부여 동남리 금성산)

터2·신리·관북리 추정왕궁터 출토품이 대표적이다. 부여 관북리 추정왕궁터에서 수습된 것과 흡사한 것이 김제 신덕동에서 발견되었다. 김제 신덕동에서 백제 중앙에서 사용하는 장고형 기대가 확인된 것은 이 지역이 경제적으로 중요해서 중앙에서 직접 관리했음을 보여주는 것이다. 장고형은 옹관에 사용되는 경우가 받침과 몸통 일부분이 파손된 채로 부여지방에서 확인된다. 또한 녹유가 발라진 장고형이 부여 동남리 금성산에서 수습되었다.

⑬ 등잔

등잔은 입술의 형태가 바라진 것과 곧추선 것이 있다. 등잔 내부는 촉이 있는 것보다 없는 것이 많이 수습되며 칸막이가 있는 것도 있고, 용기의 가장자리에 심지를 놓을 수 있는 공간을 덧댄 것도 발견되었다. 등잔에 손잡이가 달린 것도 있다. 용기의 가장자리에 심지를 놓을 수 있는 공간을 덧댄 것은 한쪽에만 있는 것과 양쪽에 있는 것이 있다. 등잔은 경질 소성된 것은 없고 대부분 와질 소성이다.

사비시기에는 각종 생활유적에서 여러 형태가 동시에 발견되고 있어 시기적인 선후관계를 밝히기가 어렵다. 부여 구아리 남쪽 우물터 내부 상층에서 사비 Ⅲ기에 해당하는 등잔이 발견되었는데 촉이 있는 것이다. 부여 능사 강당터 옆 공방2 통로에서는 30여 개의 등잔이 수습된 바 있다.[157] 부여 능사 출토 등잔의 내부 찌꺼기를 과학적으로 분석한 결과 사슴기름이 가장 많이 사용되었다. 영

---

[157] 국립부여박물관, 2000, 『陵寺』.

삽도 86. 부여 능사 공방2 등잔 출토상황

광 송죽리고분에서는 입술이 곧추서고 내부에 촉이 없는 것이 확인되었는데, 사비시기 고분 내부에서 발견된 유일한 예이다.

한편 입술이 곧추서고 내부가 칸막이로 된 형식은 부여 관북리 추정왕궁터, 익산 왕궁리에서 확인되었는데, 용량이 커서 오래 사용할 수 있도록 특수 고안된 것이 아닌가 한다. 특히 부여 관북리 추정왕궁터에서는 'ㄱ'자형 손잡이가 부착된 등잔이 수습되었다. 용기의 가장자리에 심지를 놓을 수 있는 공간을 한쪽에만 덧댄 것은 부여 관북리 추정왕궁터, 익산 왕궁리에서 확인되었고, 양쪽에 덧댄 것은 익산 왕궁리에서만 발견되었다.

⑭ 호자虎子, 변기便器

호자는 액체를 담는 용기로 남자가 사용한 것이다. 중국 도자기로 된 호자가 4세기경 백제에 알려지기 시작한[158] 후 사비시기에 들어

삽도 87. 사비시기 등잔(①부여 구아리 남쪽 우물터 내부 상층, ②~⑤부여 능사, ⑥부여 동남리, ⑦영광 송죽리고분, ⑧·⑨부여 관북리 추정왕궁터, ⑩·⑪익산 왕궁리)

와서야 백제토기의 한 기종으로 만들어진다. 호자는 2개의 형식이 있으며, 중국과 관련하여 발전한 동물형動物形, 고구려와의 관계에서 수용된 주구부호형注口附壺形이 있다.

동물형은 지금까지 6점이 발견되었다. 사비 I기는 다리의 형태가 몸통과 붙어 L자형

삽도 88. 중구 낙양 축승창오둔차간 출토 청자호자

을 띠고 있는 부여 능사 하층 출토품이 있다. 사비 II기는 부여 군수리에서 수습된 것이 대표적인데, 앞다리를 I자형으로 편 것이다. 부여 군수리 출토품은 중국의 호자보다는 윤곽이 유연하고 해학적이면서 실용성이 강조되었으며 입구부가 높이 만들어진 특징을 갖고 있어 백제화되었음을 알 수 있다. 사비 III기에 해당하는 것은 부여 관북리 추정왕궁터에서 확인되었는데, 주구부가 크며, 턱에 갈기가 표현되어 있다. 여수 고락산성에서도 동물형이 확인되었는데, 부여 출토품과 비교할 때 차이점이 있다. 부여 출토품은 중국 호자와 비슷하게 동물모양을 하면서 4개의 다리를 부착하여 제작하였는데, 고락산성 출토품은 소형 단경호의 구연부 일부를 위로 젖혀 주입 부분을 크게 만들고 다리를 3개만 붙인 것이다. 고락산성 출토품은 백제 중앙양식을 모방한 지방산 제품으로 도공의 지혜를 엿볼 수 있다.

---

158 徐聲勳, 1979, 「百濟虎子 二例」『百濟文化』12집, 공주대학교 백제문화연구소.
殷和秀, 1998, 「傳 개성출토 青磁虎子에 考察」『考古學誌』9집, 한국고고미술연구소.

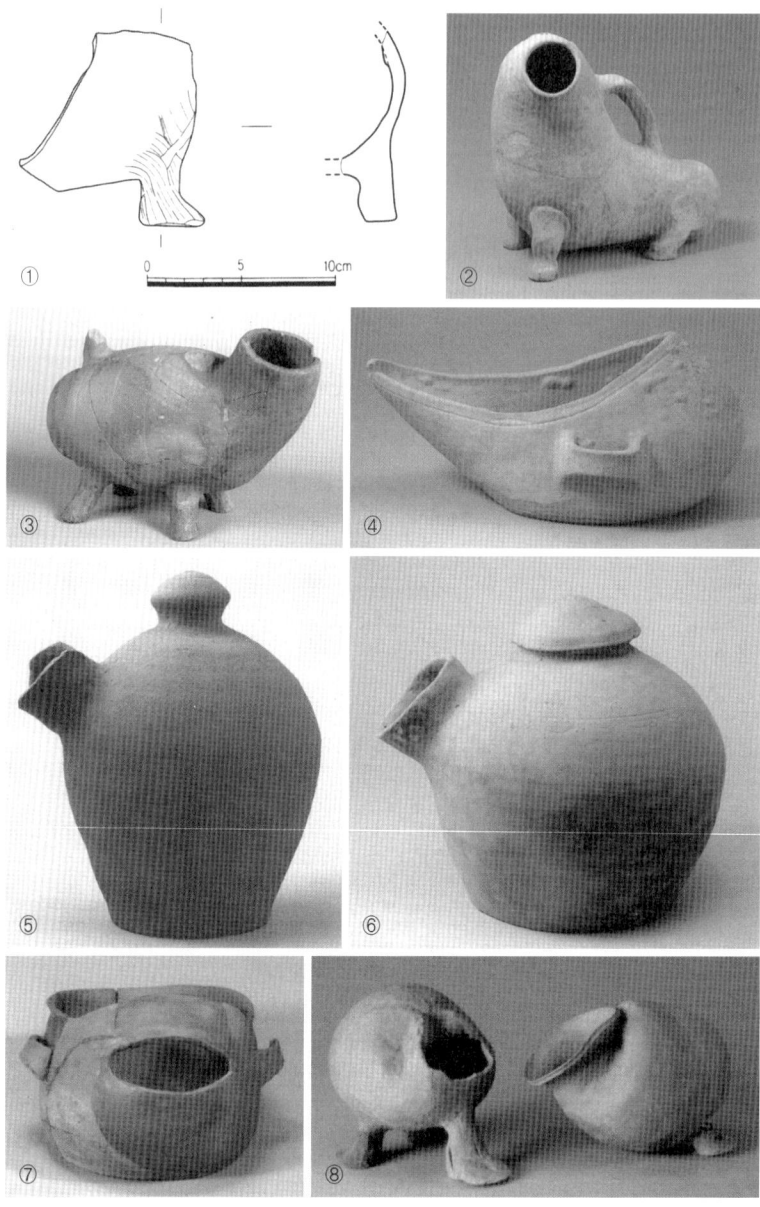

삽도 89. 사비시기 호자, 변기(①부여 능사 하층, ②·④부여 군수리, ③부여 관북리 추정왕궁터, ⑤공주 학봉리, ⑥부여지방, ⑦익산 왕궁리, ⑧여수 고락산성)

주구부호형은 단지의 윗부분에 연꽃봉오리를 장식하여 막고 몸통에 둥근 형태의 깔때기를 붙인 것으로 공주 학봉리와 공주대학교박물관 소장품이 있다.[159] 부여 부소산성·능사에서는 깔때기 부분만 확인되었다.

변기는 호자와는 달리 여성들이 소변을 보던 용변기이다. 변기는 호자와 마찬가지로 사비시기 것만 확인되었다. 변기는 부여 군수리와 익산 왕궁리에서 발견되었다. 부여 군수리 출토 변기는 몸통을 한 번에 만들었는데 비해 익산 왕궁리 출토품은 바닥과 몸통을 만들고 후에 윗부분을 따로 만들어 붙인 특색을 갖는다. 부여 군수리 출토품은 토기 외면의 곡선이 유려하고 토기의 질감이 잘 우러나 있다.

⑮ 연가煙家

연가는 연통의 윗부분을 장식하는 보주형의 형태를 말하며 부여, 익산에서만 발견되는 고급 기종 중 하나이다. 연가는 연통과 함께 굴뚝으로 연기를 내보내는 시설이다. 연가 장식이 없는 연통은 원삼국시대에도 널리 사용되었으나 연가가 장식되는 것은 사비시기에 들어와서 이루어진다. 백제 연가는 집안 우산하묘구 M2325호 출토품과 같이 고구려 연가의 영향으로 나타난 것으로 보고 있다.[160] 연가는 보주형의 머리장식에 투공의 형태에 따라 분류된다. 투공의 형태는 하트형, 원형, 하트형+원형, 원형+사각형, 원형+타원

---

[159] 백제문화개발연구원, 1984, 『백제토기도록』.

[160] 金容民, 2002, 「백제 煙家에 대하여」 『文化財』 35집, 국립문화재연구소
　　 金圭東, 2002, 「百濟 土製 煙筒 試論」 『科技考古硏究』 8집, 아주대학교박물관.

형+사각형 등 다양하다. 사비시기 연가의 중요한 특징은 고구려에는 없는 원형, 사각형, 타원형 투공의 존재를 들 수 있는데, 이는 백제만의 독특한 장식 기법으로 우아한 모습도 살리고 빠져나가는 연기조차도 멋있게 보이게 하려는 장인의 노력이 엿보인다.

백제 연가는 사비 Ⅱ기부터 나타나기 시작한다. 사비시기 연가의 형태는 사실 완전한 것은 없으며 부여 쌍북리 북포유적 Ⅰ단계 동서도로의 북쪽 측구[161]에서 확인된 연가가 집안 우산하묘구 M2325호 출토품과 매우 유사한데, 연가를 연통에서 잘 분리될 수 있도록 한 것은 백제 장인의 독창적인 기술이 가미된 것이다. 사비 Ⅱ기 말~사비 Ⅲ기 초가 되면 하트형에 소형의 원형 투공이 추가되거나 소형의 원형 투공만 있는 것이 나타나며 부여 화지산유적과 익산 왕궁리에서 발견되었다. 사비 Ⅲ기에는 좀 더 다양한 모습의 투공이 장식된 연가가 나타나며 익산 왕궁리에서는 원형+사각형이 확인되었고, 부여 능사 공방1에서는 백제시대 연가 중 가장 화려한 원형+타원형+방형 투공이 있는 것이 수습되었다.

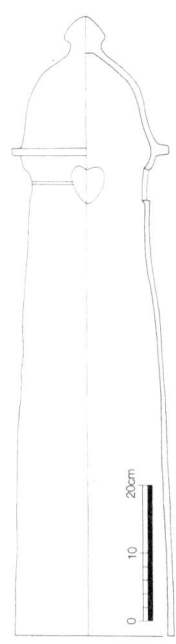

삽도 90. 집안 우산하묘구 M2325호 출토 연가 실측도

---

161 이호형·이판섭, 2009, 『부여 쌍북리 현내들·북포유적』, 충청문화재연구원.

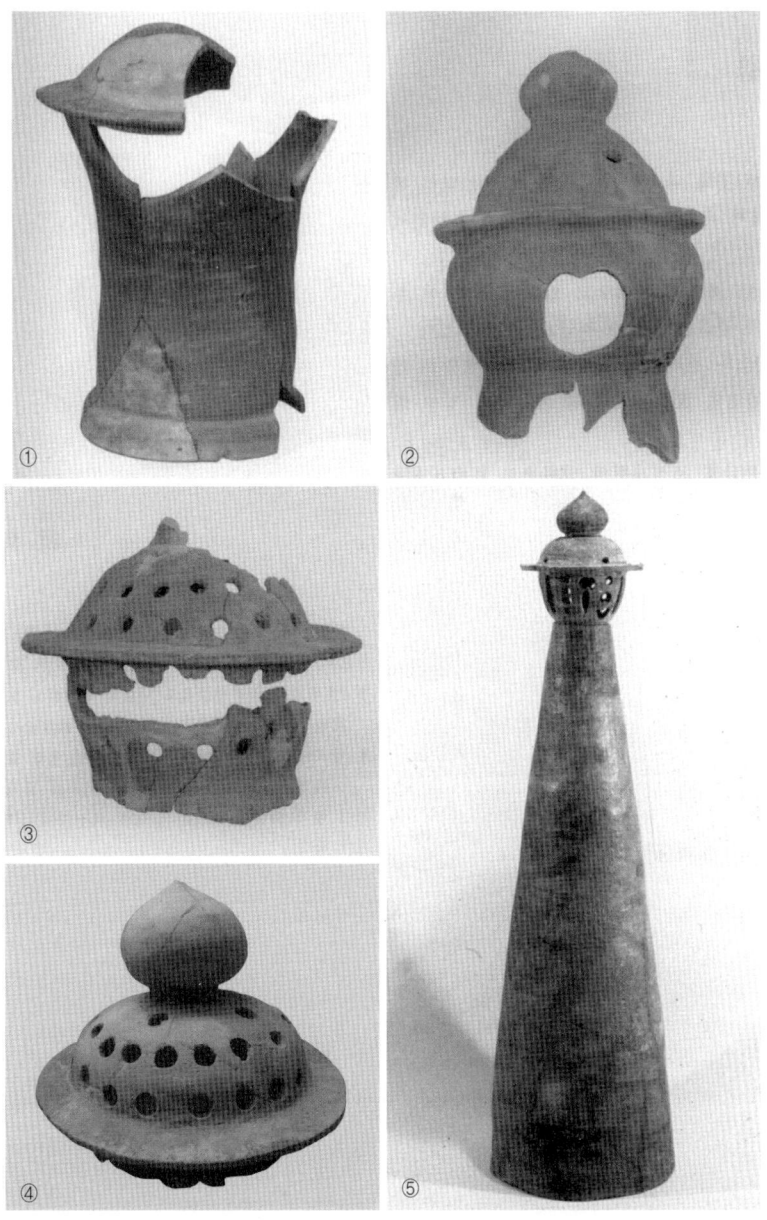

삽도 91. 사비시기 연가(①부여 쌍북리 북포유적 Ⅰ단계 동서도로, ②·③부여 화지산, ④익산 왕궁리, ⑤부여 능사 공방1)

⑯ 벼루〔陶硯〕

삽도 92. 전 부여 총화 청자벼루

벼루는 문방사우의 하나로 문자문화의 보급과 더불어 발전하였다. 벼루는 둥근 모양과 네모난 모양이 있다. 둥근 모양의 벼루는 다리가 없는 무족식無足式, 다리가 많이 달린 다족식多足式, 다리가 둥근받침으로 되어 있는 대족식臺足式으로 나뉜다. 무족식은 형태가 원형이다. 다족식은 먹을 가는 연면硯面의 형태에 따라 사각형, 원형으로 나눌 수 있다. 다족식 중 연면이 원형인 것은 다리에 장식이 없는 단순형單純形, 다리가 물방울 모양으로 생긴 수적형水滴形, 받침이 동물다리의 모양을 한 수족형獸足形으로 세분된다. 대족식은 투창이 없는 것과 있는 것으로 나눌 수 있다. 투창이 있는 것은 투창의 형태에 따라 원형, 방형, 하트형 등 몇 개의 형식으로 세분할 수 있다.[162]

사비시기는 백제 벼루의 발전기인 동시에 완성기로서 여러 형식이 존재한다. 다족식은 사비 Ⅰ기에 해당하는 부여 능사 하층에서 확인되었다. 부여 능사 하층 출토품은 공주 공산성 연못 출토품이 뚜껑이 없는 무개식인 점에 비해 뚜껑이 있는 유개식이며 경질 소성으로 만들어졌다. 부여 능사 하층 출토품 중에 공주 공산성 출토품처럼 다리의 끝이 급격하게 바라진 것이 확인되었다. 대족식은 사비 Ⅱ기에 해당하는 부여 정암리 A지구 1호 가마터 출토품이 있다. 그리고 물방울 모양의 다리가 달린 다족식도 이 시기에 발견된다. 동물다리 모양의 수족형은 중국 수·당대 벼루를 모

---

[162] 山本孝文, 2003, 「百濟 泗沘期의 陶硯」, 『百濟硏究』 38집, 충남대학교 백제연구소.

삽도 93. 사비시기 벼루(①·②부여 능사 하층, ③부여 쌍북리, ④부여 금성산, ⑤·⑥부여 능사, ⑦부여 정암리 A지구 1호 가마터, ⑧부여 관북리 추정왕궁터 연못)

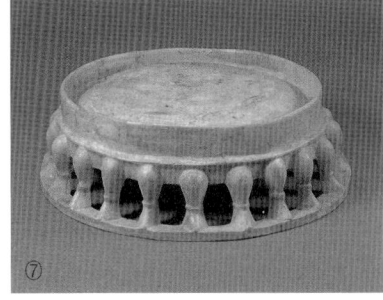

삽도 94. 사비시기 벼루(①부여 관북리 추정왕궁터 연못, ②익산 쌍릉, ③·④익산 왕궁리유적, ⑤부여 부소산성, ⑥순천 검단산성, ⑦부여 이궁터 당나라 백자벼루)

방한 것으로 다리의 하부에 연꽃을 장식하였는데, 부여 금성산·쌍북리 출토품이 대표적이다. 수족형 중에는 녹유가 발려져 있는 것이 부여 궁남지·부소산성, 순천 검단산성에서 확인되었다.

사비 Ⅲ기는 모든 형식이 사용되고 있는데 다리가 낮아지는 특징이 있으며 이전 시기가 중국 도자 벼루의 모방단계라고 한다면 이때부터는 백제화가 이루어지는 시기이다. 부여 관북리 추정왕궁터 연못에서는 붓을 꽂을 수 있는 장식이 달려 있는 것과 네모 모양의 벼루편도 수습되었다. 익산 왕궁리유적에서는 수족형 벼루의 연지 부분에 다리 모양으로 둑을 대칭으로 만들었는데, 붓에 먹물이 많이 묻으면 조정하는 곳으로 붓에서 떨어진 먹물이 밑의 연지로 흘러가도록 구멍이 사각으로 뚫려있다. 또한 익산 왕궁리유적에서는 원형의 벼루 몸통에 굵고 짧은 다리가 달린 것도 확인되었다. 백제의 장인이 만든 것은 아니지만 부여 이궁터 출토 당나라 백자벼루는 다리의 하부에 띠를 둘러 안정감을 주었다.

⑰ 도가니(坩堝)

도가니는 광석에서 광물을 채취하거나 광물을 끓이는 데 사용하는 것이다.[163] 도가니는 바닥의 형태에 따라 밑이 둥근 것과 밑이 뾰족한 것으로 대별할 수 있고 크기에 따라 다시 나눌 수 있다. 도가니는 대부분 특별히 제작하여 사용하였는데, 기존의 토기를 전용轉用한 것도 있다. 도가니는 몽촌토성의 예로 볼 때 한성시기부터 꾸준히 만들어 사용하였을 것으로 보이나 웅진시기의 것은 아직 발견된 예가 없고, 사비시기의 도가니가 제일 많다. 도가니는

---

[163] 김종만, 1994, 「부여지방출토 도가니」, 『고고학지』 제6집, 한국고고미술연구소.

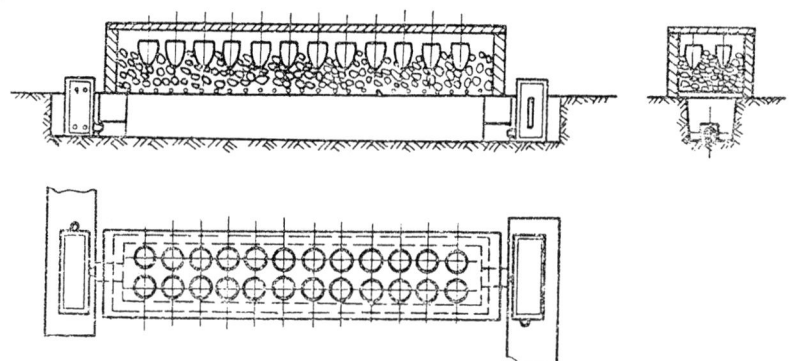

삽도 95. 도가니 설치방법 모식도

부여와 익산지방에서 확인되며, 대체로 사비 Ⅲ기에 해당한다. 부여지방은 도성 내부의 관북리·구아리·동남리·쌍북리에서, 익산지방은 미륵사터와 왕궁리유적에서 수습되어 백제 중앙 왕실과 밀접한 곳에서만 발견되었다.

도가니의 높이가 5cm 내외로 작으면서 밑부분이 둥근 것은 부여 관북리 추정왕궁터 출토품이 있다. 이 형식은 몽촌토성 출토품과 크기나 형태가 유사하여 선사시대 이래의 전통성이 강한 것이다.[164] 도가니의 높이가 10cm 내외의 중형이면서 밑부분이 둥근 것은 부여 부소산성·부소산절터·익산 미륵사터 출토품을 들 수 있는데, 부여 부소산절터 출토품은 유리제품을 녹이는 데 사용한 것이다. 도가니의 높이가 20cm 내외의 대형이면서 밑부분이 둥근 것은 부여 관북리 추정왕궁터에서 확인되었는데, 도가니의 몸통과 뚜껑에 '관官'명이 압인되어 있어 공방작업이 관청의 통제 아래에서 이루어진 것을 알 수 있다. 중형과 대형 도가니는 뚜껑을 덮고

---

[164] 朝鮮總督府, 1925, 『樂浪郡時代 ノ 遺蹟』 도판 1224 참조.

삽도 96. 일본 아스카이께유적 출토 각종 도가니
삽도 97. 부여 구아리 우물터 출토 '一斤'명 거푸집

재료를 녹였음을 확인할 수 있다.

도가니가 5cm 내외로 작으면서 밑부분의 끝이 뾰족한 것은 부여 관북리 추정왕궁터·익산 왕궁리유적에서 수습되었으며 분석결과 금을 녹였던 것으로 확인되었다.[165] 도가니가 10cm 내외의 중형이면서 끝이 뾰족한 것은 부여 부소산성·부소산절터·쌍북리·이궁터·궁남지·구아리 우물터, 익산 미륵사터·왕궁리, 나주 복암리유적 등에서 수습되었다. 익산 미륵사터 출토품은 유리를 녹였던 것으로 뚜껑이 있다. 이 형태는 백제시대에 만들어진 도가니 중 가장 많은 양을 차지하고 있으며 일본 아스카이께(飛鳥池)유적에서도 확인되어 일본 아스카문화와의 관계 규명은 물론 우리나라 도가니 변천사를 살펴볼 수 있는 자료이다.[166]

한편 부여 관북리 추정왕궁터에서는 적갈색 연질의 심발형토기

---

[165] 국립부여문화재연구소, 2006, 『王宮里』.
[166] 奈良國立文化財研究所, 1992, 『飛鳥池遺蹟の調査-飛鳥寺1991-1次調査』.

삽도 98. 사비시기 도가니(①·②부여 쌍북리, ③부여 쌍북리(금성산), ④부여 관북리 추정왕궁터, ⑤부여 부소산절터, ⑥익산 왕궁리 동도가니, ⑦익산 미륵사지 유리도가니, ⑧익산 왕궁리 유리도가니)

삽도 99. 사비시기 도가니(부여 관북리 추정왕궁터)

를 철을 녹이던 도가니로 전용한 것이 확인되었다. 도가니로 전용된 심발형토기는 점토에 모래를 많이 섞어 소성하였기 때문에 높은 열을 받아도 균열이 생기거나 주저앉지 않았던 것으로 보이나 일반적인 현상은 아니었던 것으로 보인다.

  부여나 익산지방에서 발견되는 전용專用 도가니는 20cm 이상의 대형이 있어도 철을 녹이던 것은 발견되지 않았고 금, 동, 유리의 재료를 녹이는 데 이용되었다. 당시 금, 동, 유리제품은 일반인이 쉽게 접할 수 있는 것이 아니고 국가에서 중요시했던 것으로 도성이나 왕궁 내부에 작업장을 설치하여 국가가 특별히 관리하였던 것으로 보인다.

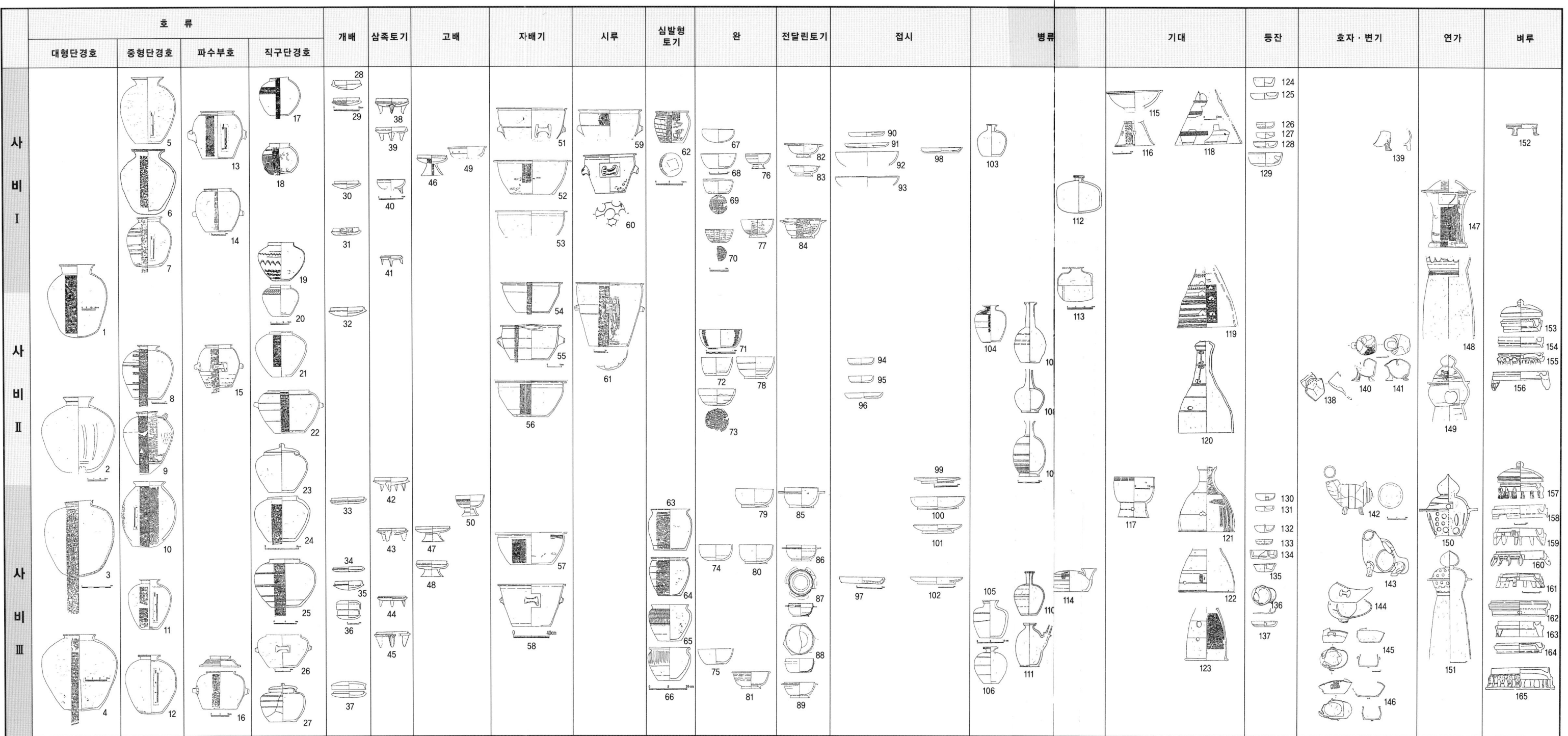

2

제작기법

백제토기는 이전 시기의 토기 제작기법에다 중국에서 새로 들어오는 기술을 수용하여 백제인의 기호에 맞게 만들어진다.[167]

1. 태토胎土

태토는 토기를 만드는 재료이다. 토기의 원료에는 세 가지 요소가 있다.[168] 즉, 기본적으로 물을 함유하면 점성과 가소성을 가지며 도공이 빚고자하는 대로 형태가 만들어지는 고운 입자의 퇴적물인 점토, 토기를 빚기 쉽게 하고 건조가 잘 될 수 있도록 자연적인 상태로 존재하거나 인위적으로 섞는 광물이나 유기물인 비가소성 입자, 점토가 가소성을 갖게 하고 건조와 소성과정을 통해 증발해버리는 물 등이다. 점토는 화성암의 화학적, 물리적 풍화를 통해 형성되며,

---

[167] 金鍾萬, 2002,「百濟土器に見られる製作技法」『朝鮮古代研究』, 朝鮮古代研究刊行會.
[168] 칼라 시노폴리(이성주 역), 2008, 『토기연구법』, 考古.

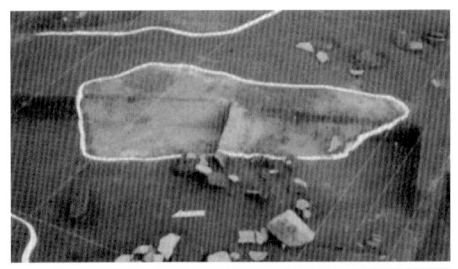

삽도 100. 풍납토성 출토 태토 저장구덩이(위)
진천 산수리 가마터 출토 태토 덩어리(아래)

규산silica과 알루미늄alumina이 포함되어 있어 소성을 하게 되면 토기의 표면이 유리화해서 방수성이 생긴다. 점토에는 이 외에도 철분이 들어있는데, 소성할 때 산소의 결합 여부에 따라 토기의 색깔에 영향을 준다.

점토는 토기를 만들 때 가장 기본이 되는 요소이다. 점토를 잘 선정하는 일이야말로 토기를 만드는 장인이 가장 기본적으로 해야 할 작업이다. 장인들은 점토 채굴을 가장 가까운 곳에서 손쉽게 구했을 것이다. 진천 산수리 가마터의 바탕흙 채취는 인근에서 이루어진 것으로 확인되었다.[169]

태토를 만들기 위해서는 자연에서 채집한 바탕흙인 점토를 정선(水飛)하여 불순물을 제거하는 것이 첫 번째 단계이다. 정선된 점토에 도공이 토기를 빚기 쉽게 하고 건조가 잘될 수 있도록 인위적으로 비가소성 입자를 첨가한 후 반죽하면 태토가 완성된다. 비

---

[169] 조대연, 2005, 「한성백제 토기의 생산기술에 관한 일 고찰」, 『백제의 생산기술과 유통체계』, 경기도·한신대학교학술원.

[170] 용인 구갈리유적에서는 첨가제로 토기편 분말이 사용되었다.(기전문화재연구원, 2003, 『龍仁 舊葛里遺蹟』.)

가소성 입자는 식물, 목탄, 석영, 모래 등이며 토기편 분말을 혼합하기도 한다.[170] 태토를 만들 때 점토에 들어있는 공기를 제거하여야 소성할 때 불량품이 적게 나온다. 서울 풍납토성의 토기 태토 구덩이와 진천 산수리 가마터에서 수습한 점토덩어리(粘土塊)를 통해서 백제토기를 만들었던 태토의 모습을 잘 살펴볼 수 있다. 진천 산수리 가마터의 경우 초기 단계에서는 첨가제를 적절히 섞어 태토를 만들었으나 시간이 경과하면서 가마의 폐기 단계까지는 첨가물을 섞지 않고 바탕흙만을 사용하였다고 한다.[171]

2. 성형 成形

성형은 토기를 만드는 기본단계에서 표면을 다듬어 기형을 만드는 과정이다.

토기제작은 점토를 다루어 빚는 기술로 종류는 손빚기(手捏法), 테쌓기(輪積法), 띠쌓기(捲上法), 점토판粘土板 쌓기, 틀(范)제작 등이 있다.

손빚기 기술은 덩어리의 점토를 한손에 쥐고 다른 손으로는 가운데를 눌러 형태를 만드는 제작기법으로 소형토기를 만들 때 이용한다. 선사시대의 바리, 원삼국시대의 모형토기模型土器, 제사유적 등에서 발견되는 동물 모양의 토우 등은 이 방법으로 만들었다.

---

[171] 조대연, 2005, 「한성백제 토기의 생산기술에 관한 일 고찰」『백제의 생산기술과 유통체계』, 경기도·한신대학교학술원.

삽도 101. 깎기조정이 이루어진 개배(나주 신가리 당가가마터 출토)

삽도 102. 풍납토성 출토 대형단경호

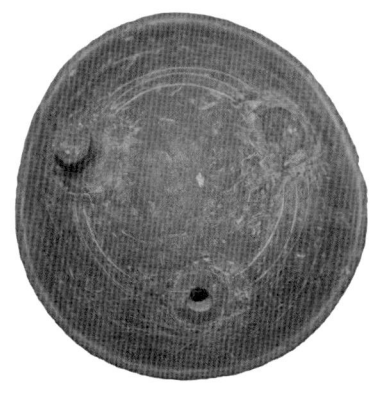

삽도 103. 삼족토기 다리 부착방법(연산 백석 초등학교 소장)

　개배, 완, 등잔은 소형품으로 손빚기에 의해 성형하지만 물레를 돌리면서 만들기 때문에 원시적인 손빚기와는 다르며 바닥을 잘라낼 때 두 가지 기법이 이용되었다. 하나는 부여 정암리 가마터 출토품처럼 한 번에 만들어 바닥에 잘라낸 자국이 없는 것이고, 다른 하나는 부여 능사 출토품처럼 바닥을 잘라낼 때 예새를 이용하는 것이다. 삼족토기도 개배와 동일한 방법으로 만들어졌지만 다리를 부착하는 방법은 크게 두 가지가 있는데, 배의 밑바닥 부착지점을 긁어내고 부착하거나 구멍을 뚫어 고정하는 방법이 있다.

테쌓기는 점토를 일정한 굵기의 띠로 만들어 적당한 크기로 자른 다음 원형으로 접합해서 쌓아올리는 것으로 백제토기를 만들 때 주로 이용되었던 제작기법이다. 띠쌓기는 점토를 일정한 굵기로 길게 만들어 나선형으로 감아올려 토기를 만드는 기법이다. 토기의 크기에 따라 굵기가 다르다. 한성시기 초기에 나타나는 대형단경호의 제작은 테쌓기 또는 띠쌓기에 의해 이루어졌다. 대형단경호의 성형 및 정면기법은 풍납토성 출토품을 통해 알 수 있는데 점토를 띠쌓기로 쌓아올려 성형하였기 때문에 몸통과 목에 일정 간격으로 터진 자국과 내면에 요철대가 남아 있다.[172]

띠쌓기 기법 중에는 구절기법球切技法이 있다.[173] 구절기법은 토기를 둥글게 만든 다음 몸통과 뚜껑을 분리하거나 몸통에서 일부분을 도려내어 주입구를 만드는 것을 말한다. 이 기법은 한성시기의 횡병, 웅진시기의 보시기·자라병, 사비시기의 장경병·회색토기(받침 달린 대부완, 받침 달린 접시, 전달린토기 등)를 만들 때 사용하였다.

대형단경호의 바닥에 좁은 굽이 달려있는데 서울 풍납토성 가-2호 집터·파주 주월리 '96-7호 집터에서 발견되었으며, 조임기법으로 만든 것이다. 그리고 공주 금학동 2호 석곽옹관묘石槨甕棺墓(돌곽독무덤)에 옹관으로 사용된 대형단경호의 바닥에도 조임기법이 보인다.[174] 조임기법은 신안 내양리고분에서 발견된 양이부편병의 안 바닥에서도 확인된다.[175] 단경병은 바닥을 따로 만들고 그 위

---

[172] 서울역사박물관, 2002, 『풍납토성』.

[173] 金鍾萬, 2003, 「泗沘時代 灰色土器의 性格」『湖西考古學』9집, 湖西考古學會.

삽도 104. 구절기법으로 만든 토기(①횡병, ②보시기, ③자라병, ④장경병, ⑤대부완, ⑥접시, ⑦전달린토기)

삽도 105. 토기바닥 조임기법

에 몸통을 띠쌓기나 테쌓기에 의해 성형하며 몸통에서 목에 이르는 부분은 대부분 조임기법으로 만든다.

점토판 쌓기는 대형토기, 비대칭적인 형태의 이형토기 등에 적합하다. 이 기법은 기와를 만들 때도 이용되는 것으로 와통에 점토판을 두르고 그 위에 박자를 이용하여 두드려서 만든다. 점토판의 이음매는 타날판을 두드려 고정시킨다. 한성시기부터 가마에 기와와 토기를 함께 소성하고 있어 점토판 쌓기 기법으로 만든 토기도 있었을 것으로 추측된다.

삽도 106. 틀로 만든 낙랑토기(가평 대성리 화분형토기)와 내부(포목흔)

틀에 의한 제작은 다양한 틀을 만들어놓고 점토를 약간 넓은 판으로 만들어 내형內型에 붙여 만드는 것이다. 틀에는 점토판이 달라붙지 않도록 포목으로 감싼다. 토기를 대량생산할 때 사용한다. 우리나라에서는 낙랑토기 중 화분형토기가 틀에 의해 만들어진 것을 알 수 있는데,[176] 백제토기에서는 잘 보이지 않는다. 다만 한성

---

[174] 유기정·양미옥, 2002,『공주 금학동 고분군』, 충청매장문화재연구원, p159 도면68.

[175] 은화수·선재명·윤효남, 2003,「영광 송죽리고분 출토유물」『해남 용일리 용운고분』, 국립광주박물관

[176] 국립전주박물관, 2009,『마한-숨 쉬는 기록』.

시기~사비시기에 이르기까지 건물의 지붕을 장식하던 수막새는 틀로 찍어냈기 때문에 토기에서도 가능성은 있다.

『일본서기』[177]에 의하면 위덕왕 35년(588)에 백제가 일본으로 파견한 전문공인 중 와박사가 있는데, 이 공인이 토기제작에 관한 사항도 총괄했을 것으로 보고 있다. 실제로 한성시기~사비시기에 확인된 백제 가마터 중에는 기와와 토기가 같이 생산되며, 발견된 토기의 타날기법 문양 또는 소성방법이 백제 기와의 제작 공정과 비교해볼 때 유사성이 인정된다.[178] 이와 관련해서 구절기법이나 틀 제작은 통일양식 체제에서 토기의 규격화가 이루어진 것을 말하는데 박사제도와 관련이 있다. 사비시기의 토기 중에 규격성을 갖고 전문화된 집단에서 만든 것으로 흑색와기와 회색토기가 있는데, 율령과 깊은 관련이 있다.

토기를 만드는 기본단계를 지나면 기형器形을 다듬어서 완벽한 형태를 만드는 과정을 거친다. 대표적인 과정은 표면 두드리기를 들 수 있다. 표면 두드리기는 성형할 때 기벽器壁의 공기를 빼내고 단단하게 해주는 것으로 타날판과 내박자를 이용한다. 타날판은 목제, 석제, 토제 등이 있었을 것으로 보인다. 원삼국시대 이래의 타날판을 그대로 이용하였을 것으로 보이며, 전북지방에서 발견된 토제 타날판은 판에 #자선을 그어 격자문을 나타냈다. 타날판을 이용하여 대형토기의 둥근 바닥을 만드는 것도 이 단계에 해당한다.

백제시대에 만들어진 내박자 중 진천 산수리 가마터 출토품[179]은

---

[177] 『日本書紀』21, 崇峻天王 元年 是歲條.

[178] 金鍾萬, 2000, 「사비시대 백제토기에 나타난 지역차 연구」 『과기고고연구』 7집, 아주대학교 박물관.

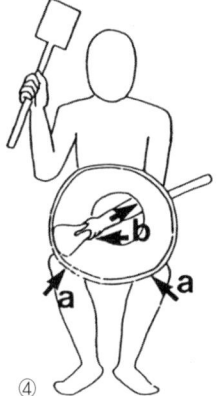 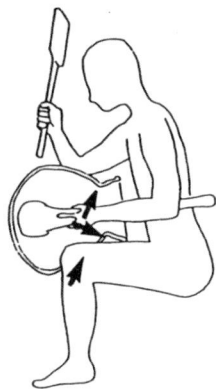

삽도 107. 타날판과 내박자(①전북지방 출토 타날판, ②낙랑토성 출토 내박자, ③진천 산수리 가마터 내박자, ④타날판과 내박자 사용 모식도)

형태가 둥글고 무늬가 없는 것이 특징이다. 토기의 내부에 있는 둥근 자국은 내박자에 의해 나타난 것이다. 그러나 서천 봉선리 원삼국시대 집터에서는 말각장방형의 내박자도 있어서[180] 백제시대에도 원형 이외의 다른 형태가 나타날 가능성이 있다.

한편 풍납토성 경당지구 9호 유구에서 수습된 장란형토기의 내면에는 평행선과 동심원 무늬가 남아 있어 한성시기의 내박자에 무늬를 새긴 것도 있었음을 알 수 있다.[181] 또한 웅진 Ⅱ기에 해당

---

[179] 崔秉鉉, 1995, 『新羅古墳硏究』, 일지사.

[180] 충청남도역사문화원, 2005, 『서천 봉선리 유적』.

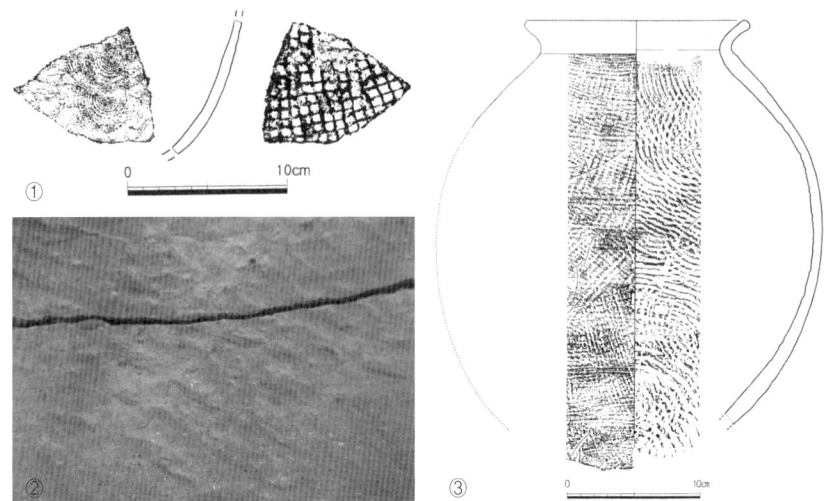

삽도 108. 토기 내부에 남아 있는 내박자무늬(①풍납토성 경당지구 9호 유구, ②부안 죽막동 제사유적, ③부여 관북리 추정왕궁터 연못)

하는 공주 금학동 2호 석곽옹관묘에 사용된 옹관의 내부에도 동심원의 무늬가 남아 있어 소수이기는 하지만 웅진시기까지도 그 전통이 이어진 것으로 보인다.[182] 내박자에 동심원의 무늬를 새긴 것은 일본 고훈시대〔古墳時代〕 것과 비슷하다. 또한 부안 죽막동 제사유적 출토 호류,[183] 부여 관북리 추정왕궁터 연못·화지산에서 확인된 중형단경호의 내부에 동심원의 무늬가 발견되었는데 일본 스에끼계로 분류되고 있다. 가야토기가 출토된 남원 대곡리유적에

---

[181] 토기 내부에 남아 있는 동심원문만으로는 내박자에 원문이 새겨졌다고 할 수는 없을 것이다. 나무로 된 내박자는 오래 사용하게 되면 나이테 부분이 부식되어 동그랗게 원이 자연적으로 생긴 것도 있었을 것이기 때문이다. 그러나 풍납토성 출토 장란형토기에 남아 있는 것은 동심원문이 새겨진 내박자를 사용한 것으로 보인다.

[182] 유기정·양미옥, 2002, 『공주 금학동 고분군』, 충청매장문화재연구원.

[183] 國立全州博物館, 1994, 『扶安 竹幕洞 祭祀遺蹟』.

서는 동심원문, 동심원문+집선문,˙집선문, 방사선문 등 무늬가 새겨진 내박자가 4종이 확인되어 백제토기보다는 가야토기에서 다양한 무늬가 새겨진 내박자를 사용하고 있었음을 알 수 있다.[184]

백제토기는 회전력을 이용하는 녹로에서 만들었다. 토기의 몸통이나 목 부분에서 옆으로 돌아가는 선들이 보이는 것은 회전물손질에 의한 것이다. 서울 풍납토성 현대연합주택 가-3호 집터 내부에서 녹로 받침대가 발견되었다. 진천 삼룡리 '89-1호 집터 내부에서도 녹로나 작업시설을 설치했던 구덩이들이 확인되었다. 사비시기의 회색토기는 입술 부분이 수평을 이루는 것이 한 점도 없다. 이는 둥근 제품을 몸통과 뚜껑으로 분리할 때 예새를 이용하게 되는데, 녹로의 상판이 수평을 이루지 못했거나 원심력에 의해 나타나는 현상이다.

3. 표면장식과 의미

성형이 완료되면 토기를 잘 다듬어 마무리하고 표면을 장식하는 다양한 기술이 펼쳐진다. 토기의 표면을 다듬는 방법은 타날기법, 깎기, 물손질 정면기법 등이 있다. 한성시기에는 토기의 표면에 박자에 의한 타날무늬가 그대로 남겨지고 있지만 웅진시기 이후에는 대체로 타날무늬를 깨끗하게 지우는 것이 많아진다.

백제토기에 남아 있는 무늬는 토기의 표면에 나타난 선과 더불

---

[184] 김승옥·이민석, 2003, 『남원 대곡리유적』, 전북대학교박물관.

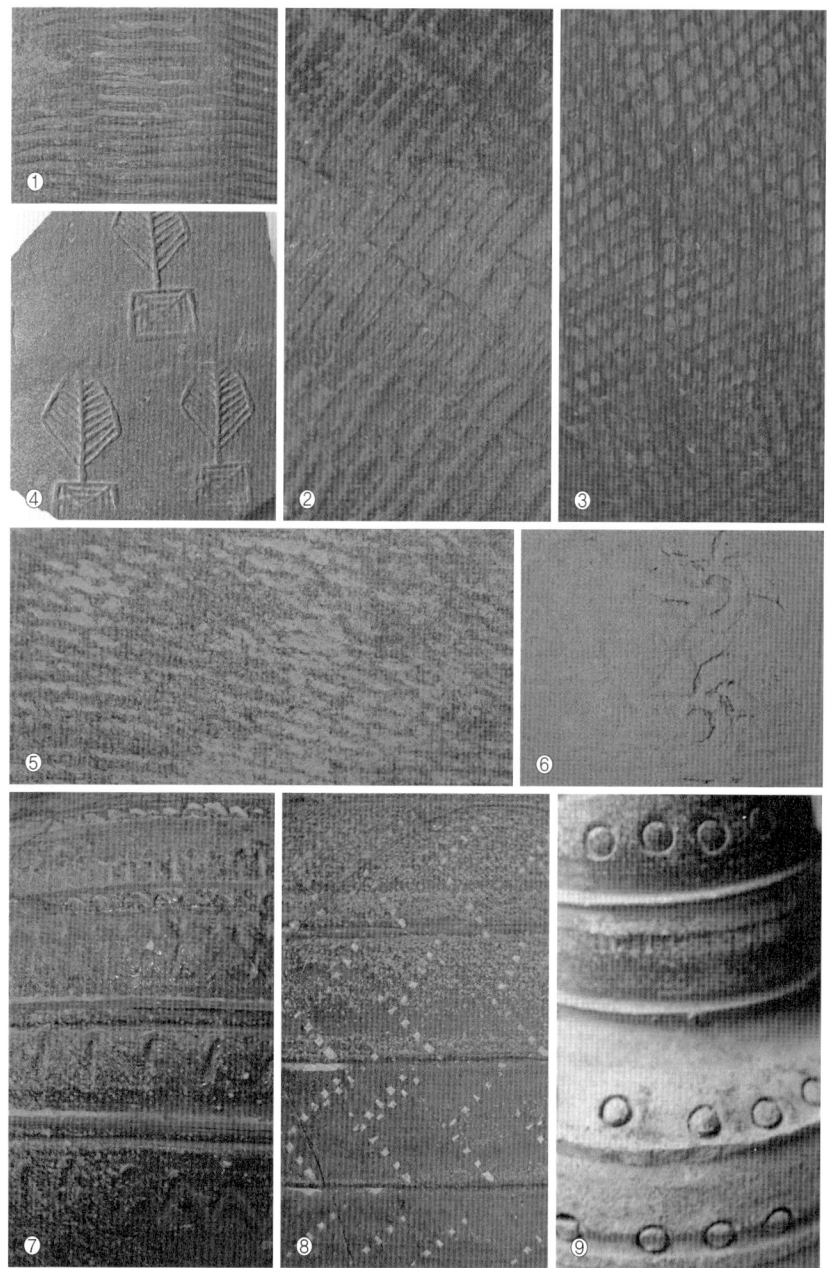

삽도 109. 토기에 나타난 각종 무늬(①평행선, ②횡주평행선, ③격자문, ④수지문, ⑤승문, ⑥화문, ⑦파상문 ⑧점열문, ⑨원문(魚子文))

삽도 110. 토기에 나타난 각종 무늬(①얼굴문 ②사격자문, ③기마인물문)

어 백제인의 미적 감각을 살펴볼 수 있다. 토기 표면에는 타날문打捺文(두드려서 생긴 무늬), 각문刻文(새긴 무늬), 압날문押捺文(눌러서 나타난 무늬), 압인문押印文(눌러 찍어서 나타난 무늬), 표면에 천을 두른 후 그 위를 두드리거나 나무봉에 직물을 감싸 문지르는 등의 다양한 무늬가 나타난다. 박자로 두드려서 나타난 무늬는 선문線文, 격자문, 승문, 승석문, 수지문樹枝文(나뭇가지 무늬), 화문花文(꽃무늬), 기하문幾何文 등이 있다.

선문은 평행선, 횡주橫走평행선이 있다. 백제고분에서 출토된 호류는 격자문 다음으로 평행선문이 많다. 횡주평행선은 평행선에 직교하여 횡으로 선무늬가 있는 것을 말하는데, 일본 스에끼 초기 유물에서도 보인다. 격자문은 원삼국시대 타날문토기의 도입 이래 꾸준히 나타나는 것으로 한성시기의 호류, 심발형토기에 주로 시문되며 사비시기까지 이어진다. 또한 바닥에 격자문이 타날된 예가 사비시기까지 줄곧 발견되고 있는데 납작바닥을 둥근 바닥으로 만들 때 박자를 두드려 나타나게 된 것이다. 승문은 박자에 노끈 등을 감아 토기 표면을 두드리면 나타나는데 한성시기 백제토기의 특징이다. 승석문은 승문이나 격자문을 타날한 다음 나선형으로 선을 그어 나타낸 문양이다. 수지문, 화문, 기하문은 사비시기에 나타난다.

토기 표면에 끝이 뾰족한 도구를 이용하여 새기거나 긁어서 나타난 무늬는 사격자문斜格子文(빗창살무늬), 파상문, 구획문區劃文(구획무늬), 기마인물문騎馬人物文, 암문暗文 등이 있다.

사격자문은 직구광견호의 어깨에 있는 것으로 한성시기에 한정되었다. 파상문은 직구단경호에 주로 나타나며 두 줄의 침선을 그어 문양띠를 만들고 그 내부에 무늬를 한 줄 돌린 것, 상하로 두 줄 돌린 것, 중간에 다시 침선을 그어 분할한 후 각각 한 줄씩 돌린 것, 밀집물결무늬를 돌린 것 등 다양하다. 구획문은 토기표면에 가는 선으로 그어 구획한 것을 말하며 직구단경호에 많이 나타난다. 기마인물문은 매우 희소한 것으로 충남 서산 여미리 13호 석곽묘에서 수습한 병의 몸통에 새겨져 있다. 병에 시문된 기마인물문은 추상적이기는 하지만 말의 엉덩이에 사행상철기蛇行狀鐵器(기생)가 그려져 있어 백제 기마상 연구에 좋은 자료이다.[185] 암문은 토기 표면을 긁어서 나타내는 무늬로 낙랑토기와 고구려토기의 영향으로 백제토기 일부에 나타나고 있다. 암문은 서산 기지리 분구묘 출토품인 흑색마연토기 직구광견호의 목에 수직으로 긁어내린 것이 시기상 빠르며,[186] 사비시기 흑색토기 몸통에 상하수직, 수평으로 교

---

[185] 이상엽, 2001, 『瑞山 餘美里遺蹟』, 충청매장문화재연구원.

차하는 격자문의 형태가 제일 늦은 단계의 유물이다. 암문이 목 부분에 수직으로 나타나는 것은 낙랑토기의 영향이고,[187] 몸통에 격자 상태로 표현된 것은 고구려토기의 영향으로 보인다.

  토기 표면에 도장을 찍어서 나타나는 무늬는 거치문, 점열문, 능형문, 원문+십자문 등의 기하문, 원문, 얼굴문 등이 있다. 기하문은 한성시기 대형단경호의 어깨에 시문되었다. 기하문은 박자의 모서리를 이용하거나 별도의 스탬프와 같은 작은 박자를 만들어 찍어서 만든다. 하남 미사리 한양대 A-1호 집터 출토 대형단경호의 어깨에 있는 톱니문은 박자의 모서리를 이용하여 찍었다.[188] 서울 풍납토성 경당지구 9호 유구에서 수습된 대형단경호의 어깨에 있는 삼각문은 찍어서 나타난 것이다.[189] 점열문은 공주 금학동 26호 석실분에서 발견된 직구단경호와 연산 표정리 '81-2호 석곽묘 출토 장고형 기대에서 확인된다.[190] 원문은 삼족토기의 몸통 중간에 끝이 둥근 붓뚜껑과 같은 도구를 이용하여 찍은 것이 몽촌토성에서 확인되었고, 서천 봉선리 3지역 20호 집터에서는 대부완에 찍혀 있다.[191] 얼굴문은 부여 부소산성·관북리 추정왕궁터에서 수습된 토기편에 도장을 찍어 표현했다. 얼굴문은 머리에 모자를 쓰고 긴 수염을 기르고 생각에 잠긴 듯한 모습으로 표현되어 있

---

[186] 국립공주박물관·충청남도역사문화원, 2006, 『한성에서 웅진으로』.
[187] 국립중앙박물관, 2001, 『낙랑』.
[188] 배기동·윤우준, 1994, 『美沙里』 제2권, 한양대학교박물관.
[189] 권오영·권도희·한지선, 2004, 『풍납토성Ⅵ』, 국립문화재연구소·한신대학교박물관.
[190] 유기정·양미옥, 2002, 『공주 금학동 고분군』.
[191] 충청남도역사문화원, 2005, 『舒川 鳳仙里 遺蹟-圖版-』.

는데 백제인의 모습을 알 수 있는 자료이다.

토기 표면에 천(織物)을 두른 후 그 위를 두드리거나 나무봉에 천을 감싸 토기 표면을 문질러서 생긴 무늬에는 승문과 격자문이 있다. 흑색와기로 분류되고 있는 부여 관북리 추정왕궁터 연못 출토품[192]은 얇은 기벽에 깊게 시문된 문양을 보면 찍어낸 듯한 인상을 강하게 준다.

토기의 표면을 정면하는 방법은 예새나 물을 묻힌 헝겊 등을 이용하였다. 물손질에 의한 정면은 정지된 상태에서 조정하거나 회전대를 이용한다.

한편 완 내면 조정은 몸통의 경우 회전 손빚음에 의해 기벽이 조정되고 있으며, 한성시기의 완은 지두압흔指頭壓痕(손가락으로 눌러서 조정)이나 물손질을 사용하여 표면을 정면하는데, 원삼국시대 이래의 제작기법이 채용된 것이다. 또한 내부바닥을 조정하는 방법 중 회전 손빚음에 의한 것은 부여 관북리 추정왕궁터 연못·정암리 가마터 출토품이 있는데, 완의 내부 바닥을 먼저 만드는 과정에서 녹로를 회전하면서 뾰족한 도구 등으로 조정하여 생긴 둥근 선무늬圓卷文가 남아 있다. 그리고 부여 궁남지에서 수습된 완의 내면 바닥에는 예새를 이용하여 조정한 흔적이 있다. 깎기조정은 예새를 이용하는데, 내부뿐만 아니라 바닥과 몸통의 경계지점에서도 나타나며 단경호, 개배, 완과 심발형토기에서 확인할 수 있고 낙랑토기 제작기술의 영향이다.

성형한 후 마무리방법 중에는 토기 표면에 문자나 기호를 쓰거나 새기고 찍는 작업이 있다. 이 방법은 모든 기종에 적용된 것은 아니

---

[192] 尹武炳, 1985, 『扶餘官北里百濟遺蹟發掘報告(I)』, 충남대학교박물관.

나 단경호, 고배, 완, 시루 등에서 찾아볼 수 있다.

한성시기 토기에 문자를 새기는 것은 풍납토성·고양 멱절산에서 확인되었다. 풍납토성 경당지구 9호 대형수혈에서 출토한 '정井'·'대부大夫'자명 직구 단경호는 동물뼈, 생선뼈

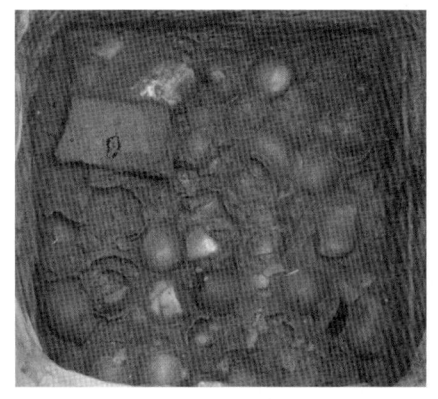

삽도 111. 풍납토성 석축우물 내부 토기 적재모습

등과 공반되어 제사를 지낸 특수한 유구에서 수습된 것이다. '정井'은 문자로 볼 때와 기호로 볼 때의 의미가 다르다고 한다. 즉, 문자라고 하였을 때는 수신水神과 관련이 있고, 기호일 경우는 질병을 막아주는 벽사辟邪의 의미로 해석한다. 풍납토성에서는 석축우물에 토기를 적재하여 제사를 지낸 것이 확인되어 '정井'자명 토기를 이해하는 데 매우 중요하다. '대부大夫'는 국내외 사서史書에는 기록되지 않았으나 관직명官職名 또는 일정 수준 이상의 관료에 대한 호칭일 수도 있지만 서울 아차산 시루봉 보루에서 발견된 고구려토기인 '대부정대부정大夫井大夫井'명 단경호로 보아 기우제祈雨祭와 관련된 종교적 의미의 단어로 추정하고 있다.[193] 고양 멱절산 유적에서는 호류, 고배, 완에 기호가 있다. 기호는 'X', 'l', 조족문이 있다. 특히 멱절산 발견 조족문은 여타의 조족문이 평행선문과 동시에 타날된 것과 다르게 조족문만 찍혀 있는 것이다.

한성시기~사비시기에 이르기까지 개배의 밑바닥에는 'X', 'V',

---

[193] 권오영·권도희·한지선, 2004, 『풍납토성Ⅳ』, 한신대학교박물관.

'∠' 등 알 수 없는 기호와 '만卍'자를 새긴 것을 볼 수 있다. 이 기호는 가야, 신라토기에도 나타나고 있어 토기제작 시 일반화된 것으로 보인다. 공주 도천리, 부여 쌍북리, 나주 복암리고분에서 확인된다. 부여 쌍북리에서 발견된 '만卍'자는 단지의 바닥면에 쓰여있는 것이다. 이러한 기호들은 죽음과 관련된 벽사의 의미로 해석된다.[194] 또한 개배의 뚜껑 위에 '십十'자, '만卍'자가 주사朱砂 또는 진사辰砂라고 부르는 황화수은(HgS)으로 쓰여져 있는 것이 있다. '만'자는 길상만덕吉祥萬德을 뜻한다. 사비시기의 유적인 부여 군수리 절터의 심초석 아래에서 지진구로 발견된 석조여래좌상의 가슴에도 새겨져 있어 불교와 관련된 것임에 틀림없다. 고분 내부의 껴묻거리에 '만'자가 쓰여져 있는 것은 사후의 세계를 삼도三途(지옥도·아귀도·축생도)로부터 막아주는 불교적 의미의 기원이 담긴 것으로 추측된다. 이러한 내용은 부여 부소산성 출토 '정지원鄭智遠'명 불상의 광배에 음각되어 있는데 사후세계에 대한 백제인의 인식을 잘 살펴볼 수 있다.

부여 관북리 추정왕궁터·부소산성·쌍북리 부석유구에서는 '북사北舍'명이 찍혀있는 토기가 발견되었다. '북사'명 토기는 대형단경호의 목과 중형단경호의 몸통에 지름 1.7~3.0cm 내외의 둥근 오목면(凹面)에 '北舍'가 양각으로 찍혀있는 것이다. 글자체는 약간씩 다르게 나타나고 있어 '북사'명 도장이 여러 개가 있었던 것으로 보인다. '북사'란 북쪽에 있는 건물을 가리키는 것으로 당시의 공공기관에 딸린 부속건물이거나 제사와 관련된 시설물로 추정된다.

---

[194] 국립청주박물관, 2000, 『한국 고대의 문자와 기호유물』.
국립부여박물관, 2003, 『백제의 문자』.

삽도 112. 부여 부소산성 출토 '정지원'명 삼존불과 뒷면 광배

    부여 능사에서 수습된 대형단경호의 몸통에는 세로 방향으로 비교적 큰 글씨로 '계문작원□係文作元瓺'라는 글자를 음각으로 유려하게 새겼다. '계문係文이 원□元瓺를 만들다'란 의미로 풀이되는데, 이로 보아 '원□元瓺'이란 용어 자체가 토기를 지칭하는 이름이거나 아니면 '瓺'이 토기를 지칭하는 용어가 되어 '계문이 가장 좋은 瓺를 만들다'라는 뜻으로 이해된다. 이는 '瓺'에 질그릇이란 의미가 내포되어 있는 와瓦자가 사용된 것에서도 알 수 있다. 또한 이곳에서 수습된 대형토기편에는 창살무늬와 함께 방형으로 구획된 중앙에 '대大'자를 연이어 눌러 찍은 것도 있다.
    부여 관북리 추정왕궁터 공방터(철기제작소)의 우물로 사용된 '소상小上'명 우물통은 본래 연통이었던 것을 전용한 것이다. 우물통

2. 제작기법   197

삽도 113. 백제토기에 나타난 문자(①풍납토성 경당지구 9호 대형수혈 출토 '井'자명 직구단경호, ②풍납토성 경당지구 9호 대형수혈 출토 '大夫'자명 직구단경호, ③부여 쌍북리 '卍'자명 토기편, ④부여 쌍북리 부석유구 '北舍'자명 토기, ⑤부여 능사 출토 '係文作元瓰'자명 대형단경호)

삽도 114. 백제토기에 나타난 문자(①부여 관북리 추정왕궁터 공방터(철기제작소) 출토 '小上'자명 토기, ②부여 정암리 B지구 가마터 출토 '軍門'자명 대부완, ③익산 왕궁리 출토 '弥力寺䏽'자명 개배, ④나주 복암리 출토 '豆肹舍'자명 토기)

은 아래 위가 뚫린 원통모양(圓筒形)으로 몸통의 아래와 위에 각 4개씩의 띠 모양의 손잡이가 달려 있고 전체적으로 위로 올라가면서 조금씩 지름이 좁아지며, 아가리는 다시 그 위에 다른 것을 끼워 올릴 수 있도록 단(段)을 만들었다. 글씨는 그 단의 아래에 세로로 새겨져 있으며, '작은 구멍이 위에 해당한다'라고 해석할 수 있다.

  부여 도성 내외부, 익산지방의 추정왕궁터, 집터, 절터 등에서 수습된 회색토기 대부완에는 '七'··'八'··'T' 등의 글씨가 몸체의 아랫부분에 음각되어 있다. 이러한 글씨 외에도 '×'··'∨' 등의 기호가 똑같은 부위에 새겨져 있어 그릇의 크기나 쓰임새(用途)를 표시

2. 제작기법 199

한 것으로 추측되고 있으며 토기의 규격화와 관련이 있다.

또한 부여 정암리 B지구 가마터에서 발견된 완의 바깥 바닥에는 '군문軍門'이라는 글씨가 음각되어 있다. '군문軍門'은 군영軍營의 입구 또는 '군대'를 비유하여 이르는 말인 점을 감안하면 '군문'이란 글씨는 군수용軍需用임을 표기한 것으로 해석된다.

부여 용정리 소룡골에서 발견된 시루에는 유려한 서체로 '증甑'이라는 글씨가 음각으로 새겨져 있다. 토기 바깥면은 평행선문이 타날되었는데, 글씨는 타날 후 새겼으며, 토기의 용도가 시루임을 알려준다. 부여지방에는 이 외에도 '대大', '사舍', '인人', '영휘令暉', '전前', '월이십月卄' 등 다양한 글씨가 새겨져 있다.

익산 왕궁리유적에서 발견된 개배에는 '미륵사□彌力寺□'라는 글씨가 음각으로 뚜껑에 새겨져 있다. 이 글자로 보면 개배가 미륵사에서 사용했던 것을 말하거나 미륵사에 공헌할 목적으로 만들었던 것으로 보인다. '미륵사' 문구 뒤에 나오는 한자는 지금으로서는 알 수 없지만 부수가 '범凡'자처럼 보이지만 '와瓦'자로 읽을 수 있어 흙을 가지고 제품을 만들었다는 의미가 담겨 있는 것이 아닌가 한다.

나주 복암리 1호분에서 수습된 녹유탁잔의 받침인 접시의 바닥면 중앙부에 '응□鷹□'자로 추정되는 2자의 먹글씨가 발견되었다. 이 글씨는 매와 관련된 습속이 남아 있는 마한 토착세력에서 사용한 백제의 별칭인 응준鷹準·응유鷹遊와 관련된 것으로 보고 있어 흥미롭다. 나주 복암리유적에서는 장군에 '두힐사豆肹舍'라고 음각된 것이 확인되었다. 『삼국사기』「지리지」에 의하면 나주 복암리 일대는 백제시대에 두힐현이 위치했던 곳으로 이를 증명해주는 귀중한 자료이다.[195]

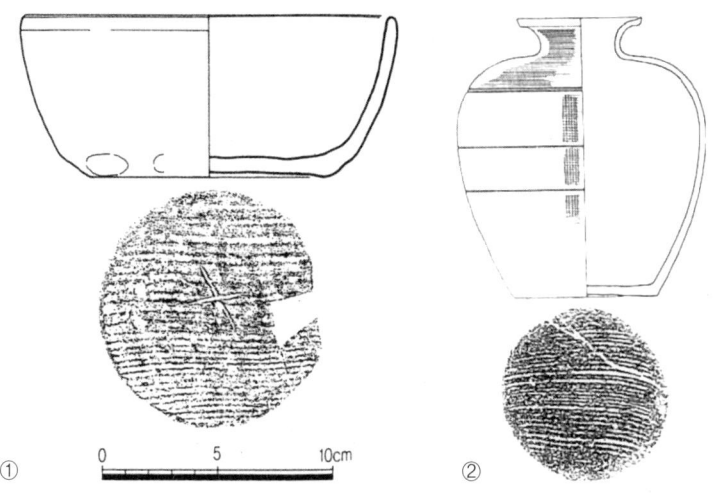

삽도 115. 실끈을 이용해 바닥을 잘라내는 사절기법(①부여 능사 출토 완, ②부여 지선리 8호 석실분 출토 병)

지금까지 살펴본 문자가 새겨진 백제토기는 제사 공헌용, 장인명, 규격품을 알려주는 기호, 사용방법을 알려주는 것, 행정단위, 지역, 용도 등 다양한 의미를 내포하고 있어서 영성한 백제 문헌사를 보충해줄 수 있는 기초자료로서도 의미가 크며, 토기의 마무리 기술이 가져온 백제 장인의 작은 배려가 담겨 있다.

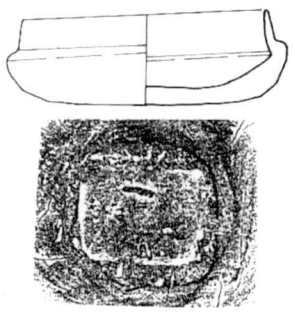

삽도 116. 공주 도천리 출토 개배에 나타난 녹로봉자국

마무리 기술 중 하나로 토기의 일부분을 잘라내는 방법이 있는

---

[195] 임영진·조진선·서현주, 1999, 『복암리고분군』, 전남대학교박물관.
국립나주문화재연구소, 2010, 『나주 복암리유적 I』.

데, 고배, 기대, 연가에 보이는 원형, 삼각형, 하트형의 투공이 해당된다. 기대에는 고사리무늬를 돌출되게 장식하였다.

녹로에서 토기의 표면장식이 끝나면 마지막으로 토기를 녹로의 회전판에서 떼어내는 작업이 있다. 이것은 네 가지로 세분할 수 있다.

첫째, 녹로 위에서 성형한 후에 녹로의 중심 봉을 들어 올려 녹로 판에서 토기를 떼어내는 방법이 있는데 주로 소형토기를 만들 때 사용되었다. 이 방법으로 인해 토기바닥에는 여러 형태의 자국이 남게 된다. 공주 도천리에서 수습한 개배의 바닥에 장방형의 녹로봉 자국이 남아 있다.[196] 둘째, 바닥을 잘라낼 때 실끈을 이용하는 것(絲切技法)으로 완과 병에서 많이 보인다. 부여 송국리 원형구덩이·궁남지·지선리 4호 석실분·능사 출토의 완과 부여 지선리 8호 석실분 출토 병의 바닥에서 관찰된다. 실끈을 이용하여 제품의 바닥을 잘라내는 기법은 낙랑토기[197]에 나타나고 있어 한대토기漢代土器 이래의 제작 전통이다. 실끈을 이용하여 점토덩어리와 제품을 분리시키는 방법으로는 물레를 정지된 상태와 회전시키면서 잘라내는 것의 두 가지가 관찰된다. 그리고 정지된 상태는 한쪽만 또는 좌우를 똑같이 잡아당기는 방법이 있다. 셋째, 예새와 같은 도구를 이용하여 잘라내는 것으로 부여 능사 출토 등잔이 있는데, 바닥에 나선형의 테가 남아 있다. 넷째, 토기를 녹로바닥에서 그대로 떼어내는 것으로 부여 관북리 연못·구아리 우물터 출토품이 있다.

---

[196] 임영진·조진선·서현주, 1999, 『복암리고분군』, 전남대학교박물관. 국립나주문화재연구소, 2010, 『나주 복암리유적Ⅰ』.

[197] 원남국시대는 심발형토기, 완에 녹로봉의 형태가 남아 있는데 둥근 것, 둥근 선+십자문, '二'자 모양, 네모띠모양 등이 있다.

4. 소성燒成

  토기를 성형한 다음 그늘에 말리는 작업이 그 뒤를 잇는다. 말리는 작업은 음지가 좋은데 터지는 것을 방지하기 위해서이다.
  그늘에서 일정시간 말린 토기들은 완제품으로 만들기 위해서 가마의 소성실의 뒷부분 연도 부근부터 연소실 쪽으로 쌓으며 내려간다. 백제시대는 선사시대의 한데가마(露天窯)보다 반지하식·지하굴식 가마에서 환원염還元焰으로 제품을 생산한다.
  백제토기의 소성방법은 기술적인 면에서 연질토기, 회청색경질토기, 흑색와기와 회색토기로 나누어볼 수 있다. 연질토기는 가마의 내부 온도가 1,000℃ 이하일 때 나타나며 주로 백제 초기에 나타나는 전통양식을 계승한 토기에서 자주 볼 수 있다. 회청색경질토기는 가마의 내부 온도가 1,000~1,200℃ 사이가 되어야 만들어낼 수 있는 것이다. 회청색경질토기는 한성시기에 등장하며 사비시기에 이르기까지 줄곧 만들어졌다. 흑색와기는 소성실 내부에서 환원염에 의해 소성되다가 마지막 단계에서 불연소하는 방법을 이용하여 토기 기벽에 있는 구멍을 막는 동시에 표면에 탄소막을 입혀 만들어지는 것이다. 회색토기는 불연소와 같은 과정을 거치지 않고 물품을 생산하고 있어 흑색와기보다 한 단계 높은 소성기술로 생각되지만 익산 왕궁리유적에서는 회색토기 대부완과 형태가 같은 것인데 흑색와기로 만들어진 것이 있어서 반드시 그런 것만은 아니다.
  토기는 소성할 때 내·외면에 자국이 남게 되는데, 이를 통하여 가마내 토기 적재방법을 알아볼 수 있는 증거가 된다. 대형단경호의 소성실 적재방법은 두 가지로 상정할 수 있다. 하나는 대형단

삽도 117. 백제토기에 나타난 각종 적재방법(①충남지역, ②·④나주 신가리 당가 1호 가마터, ③청양 학암리 가마터, ⑤광주 행암동 가마터)

경호와 소형토기를 같이 소성실에 쌓는 방법이다. 다른 하나는 대형단경호만을 소성실에 적재하는 경우이다. 이것은 영산강유역의 전용관專用棺을 만들 때 사용했던 방법으로 이 지역의 독특한 사회상의 반영이라고 할 수 있다.

웅진시기 이후에는 토기 사용의 빈도가 가장 높은 개배, 고배는 중첩하여 구웠던 사실이 확인되었으며,[198] 이러한 방법은 소형토기를 소성할 때 널리 사용한 방법이다. 또한 삼족토기는 소성할 때

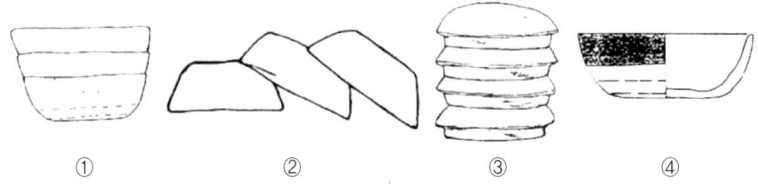

삽도 118. 토기적재 모습 모식도(①·②완, ③개배, ④부여 궁남지 출토 완)

뚜껑을 덮어서 생산한 예가 있는데, 익산 신용리 가마터, 공주 정지산유적, 보령 웅천면 노천리, 서천 비인 장포리 출토품을 통해서 살펴볼 수 있다.[199]

토기전용 가마는 대량생산을 위한 것으로 3가지 적재방법을 상정할 수 있다. 삽도 118의 ④는 부여 궁남지 출토품으로 소성 후 포개지지 않은 부분에 흑색의 탄소막이 흡착되어 띠를 형성한 것처럼 표시가 나타나 있다. 이와 같은 방법으로 만들어진 것이 논산 표정리 A지구 7호 무덤 출토 완[200]에서도 확인되고 있어 이미 웅진시기부터 이러한 소성방법이 사용되었음을 알 수 있다.

가마 안에 토기를 적재할 때 제품이 바닥에 눌러붙지 않도록 이상재離床材(도짐이)를 놓았는데, 진천 산수리, 익산 신용리, 청양 학암리, 광주 행암동, 나주 오량동·신가리 당가에 있는 가마터를 통해 살펴볼 수 있다. 진천 산수리 가마터, 청양 학암리 가마터에서는 소성실 바닥에 토기를 적재할 때 '공工'자 모양 도짐이를 사용

---

[198] 김종만, 2001, 「公州 道川里出土 百濟土器 小考」『國立公州博物館紀要』창간호, 국립공주박물관.

[199] 金鍾萬, 1995, 「忠南西海岸地方百濟土器研究−保寧·舒川地方을 중심으로」『百濟研究』25집, 충남대학교 백제연구소.

[200] 尹武炳, 1979, 「連山地方 百濟土器의 硏究」『百濟硏究』10집, 충남대학교 백제연구소.

삽도 119. 이상재와 이기재(①삼각형 토제받침 사용 모습, ②영광 원흥리 군동 공자 모양 받침, ③서천 지산리 공자 모양 받침, ④청양 학암리 가마터, ⑤나주 신가리 당가 가마터, ⑥나주 복암리고분, ⑦광주 행암동 가마터)

하였다. 최근 백제시대 이전 단계의 전남 영광 군동 '가' 가마터에서[201] 삼각 모양과 공자 모양의 이상재가 확인되었으며 서천 지산리 Ⅱ구역에서도 발견된 바 있다.[202] 웅진시기의 개배 중에는 바닥

---

[201] 박수현, 2001, 「湖南地方 土器窯址에 關한 一試論」『研究論文集』 1집, 호남문화재연구원.

의 한쪽이 움푹 들어간 부분을 볼 수 있는데, 이것은 중첩한 개배의 밑에 삼각 모양의 이상재를 고였는데 소성하는 과정에서 위에서 누르는 무게로 인해 찌그러져 나타난 모습이다. 광주 행암동 가마터에서는 삼각 모양, 공자 모양과 더불어 세발 모양의 도짐이가 확인되어 다양한 형태가 이용되었음을 알 수 있다.[203] 나주 오량동 가마터에서는 소성실 바닥과 측벽에 토기편을 깔거나 세워서 토기가 바닥이나 벽에 달라붙지 않도록 하였다. 분강·저석리 서-16-H호의 대형단경호의 바닥에 부착된 토기편은 상기한 과정을 통해서 나타난 것이다. 이러한 도짐이는 나주 반남지역 출토호에서도 확인된다.[204] 나주 신가리 당가 가마터에서 수습된 장방형의 토기 받침에는 고배와 같은 소형토기를 올려놓고 소성한 자국이 남아 있는 것도 있다. 그리고 토기와 토기 사이에 개배 등의 소형토기를 넣어 달라붙는 것을 방지하였다. 나주 반남 덕산리 제4호 무덤 출토 호[205]의 몸통에 있는 둥근 자국과 나주 오량동 가마터 폐기장·신가리 당가 가마터, 청양 학암리 가마터 폐기장 출토품 중에 큰 토기에 작은 토기가 달라붙어 있는 것은 이를 잘 증명해준다.

소형토기를 소성실 내부에 중첩할 때 나뭇잎 또는 줄기를 토기 사이에 끼워 넣어 토기끼리 눌러붙는 것을 방지하는 이기재離器材를 사용하였는데, 공주 도천리유적 출토 뚜껑, 나주 복암리고분 출

---

[202] 국립광주박물관, 2000, 『호남고고학의 성과』.
[203] 전남문화재연구원, 2011, 『개원 10주년 기념 발굴유적과 유물』.
[204] 朝鮮古蹟硏究會, 1928, 「羅州潘南面古墳の發掘調査」 『昭和十三年度古蹟調査報告』.
[205] 國立光州博物館, 1988, 『羅州潘南古墳群』.

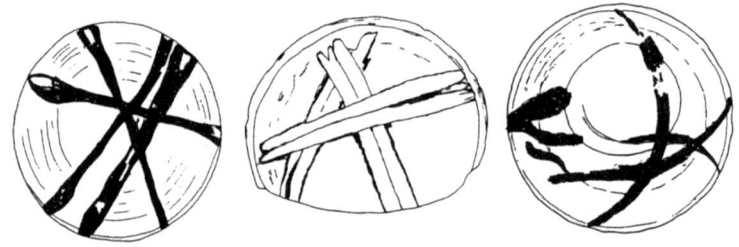

삽도 120. 개배 표면에 남아 있는 이기재 자국(선상자국, 火だすき)

토 뚜껑, 무안 맥포리 3호 토광묘 출토 완, 부여 쌍북리 출토 벼루의 뚜껑에 잘 남아 있다.[206] 이 외에 중국 도자기 소성에서나 볼 수 있는 받침을 이용한 것이 부안 죽막동 제사유적 중심부토기군의 중형단경호, 나주 복암리 3-10호 석실분 출토 개배에서 확인된다.[207]

회색토기는 대부분 경질에 가까운 것으로 볼 수 있지만 일부는 와질에 가까운 것도 포함되고 있다. 이러한 현상은 도자기 태토처럼 고운 점토를 사용하여 소성시 높은 열을 이용할 수 없어서 나타난 현상이다. 회색토기 대부완은 부여 관북리 추정왕궁터 배수로 출토품 중에 뚜껑을 덮어 구웠던 것이 확인되었다. 이러한 소성방법은 뚜껑이 있는 유개식의 경우 일정한 축소율을 위해 뚜껑을 덮어 구웠던 것으로 보인다. 회색토기는 가마의 소성실 바닥에 모래, 식물이 포함된 점토, 작은 토기편 등을 받침으로 놓고 소성하였다.

백제시대 요업사에서 소성기술이 도달하지 못한 것이 도자기이다. 백제는 중국과 교류를 하면서 지속적으로 도자기를 수입하였

---

[206] 金鍾萬, 2001, 「公州 道川里出土 百濟土器 小考」『國立公州博物館紀要』 창간호, 국립공주박물관.
百濟文化開發研究院, 1985, 『百濟土器圖錄』, 도판 247참조.
[207] 國立文化財研究所, 2001, 『羅州 伏岩里 3號墳』.

삽도 121. 각종 녹유제품(①부여 정림사 불두, ②부여 능사 장경병편, ③부여 동남리 장경병편, ④부여 동남리 완편, ⑤부여 부소산성 벼루편, ⑥익산 왕궁리 단지, ⑦나주 복암리 1호분 잔과 받침, ⑧여수 고락산성 완)

다. 백제시대에 수입된 도자기는 당시 최고의 작품으로 알려지고 있는데[208] 이는 백제인이 명품을 고르는 품격이 매우 뛰어났음을 보여준다.

그러나 백제는 도자기는 생산하지 않았고 6세기 중엽 경[209]인 사비 Ⅱ기에 들어와 연유鉛釉가 발려져 있는 기종(녹유기) 들이 출현한다.

---

[208] 李蘭暎, 1998, 「百濟地域出土 中國陶磁 硏究」 『百濟硏究』 28집, 충남대학교 백제연구소.

삽도 122. 백제시대에 사용된 중국 도자기(①오산 수정동 청자팔이호, ②풍납토성 전문토기, ③천안 화성리 청자사이호, ④서울 석촌동고분군 청자사이호, ⑤천안 용원리 C-1호 석실분 청자완, ⑥원주 법천리 2호분 양형청자, ⑦전 청주 청자계수호, ⑧천안 용원리 9호 석곽묘 흑유계수호, ⑨공주 수촌리 II-1호 목곽묘 청자사이호, ⑩공주 수촌리 II-4호 석실분 흑유단지, ⑪공주 수촌리 II-4호 흑유 양이병)

삽도 123. 백제시대에 사용된 중국 도자기(①익산 입점리 청자사이호, ②공주 무령왕릉 청자육이호, ③공주 무령왕릉 흑유사이병, ④부여 능사 하층 첩화문청자, ⑤부여 부소산성 갈유도기)

 연유는 잿물이나 규산에 연단鉛丹을 섞고 발색제인 동銅이나 철분鐵粉을 섞어 만든다. 발색제인 동이 가마 안에서 산소와 결합하면 청록색이 되고, 산소가 부족하고 철분이 많으면 갈색 계통이 된다. 사비시기에 만들어진 녹유기는 두 종류의 색이 모두 존재하고 있다.
 백제 장인은 1,000℃가 넘는 소성온도를 통해 규산질이 녹아 자연유가 생성되고 있음을 알았을 것이나 6세기 중엽을 전후한 시점에 토기보다는 불상에 연유를 바른 제품을 처음으로 생산하게 되

---

[209] 李鍾玟, 1997, 「百濟時代 輸入陶磁의 影響과 陶磁史的 意義」『百濟研究』 27집, 충남대학교 백제연구소.

삽도 124. 부여 능사 출토 칠토기

었다. 녹유기의 탄생은 부여 쌍북리 가마터(北窯址)에서 이루어졌다. 녹유기는 정확하게 그 기종은 알 수 없지만 표면에는 연꽃무늬가 장식되어 있다. 이후 녹유기는 기대, 벼루, 완, 탁잔, 병 등으로 기종을 넓혀갔으며 생산된 제품은 국가에서 주관하여 도성과 절터, 남부지방의 순천 검단산성과 같은 중요한 관방유적에 공급되었다.

토기의 표면에 흑연가루를 입힌 다음 갈고 그 위에 망간을 입혀서 만든 흑색마연기법이 채용된 토기가 있다. 흑색마연토기의 출현에 대하여는 도자기, 칠토기, 칠기를 모방했을 것으로 여겨지는 만큼 연유기술과 같은 범주에서 이해가 가능하다. 흑색마연기법은 단경호, 직구단경호, 광구단경호, 배, 뚜껑 등의 기종에서 찾아볼 수 있다. 흑색마연기법이 채용된 토기는 한성 I기의 이른 시기에 출현하여 한성 III기를 통해 꾸준히 만들어져서 매우 오랫동안 전통성을 지니면서 유지되었다. 토기의 표면에 칠漆을 바른 것도 있는데, 사비시기 완, 전달린토기에 보인다. 칠이 되어 있는 완은 부여 능사에서 가장 많이 발견되었으며 공양기로 사용된 것으로 보인다.

백제토기를 만든 가마는 원삼국시대 이래의 환원염 소성의 가마를 더욱 발전시켰으며 위에서 수직으로 파고 내려가거나(반지하식), 옆으로 굴을 파고 들어가 만드는(지하굴식) 방식으로 만들었다. 가마의 종류는 오름가마〔登窯〕와 평가마〔平窯〕가 있다.

오름가마는 한성시기에 나타나고 웅진 Ⅱ기나 사비 Ⅰ기에는 중국의 남북조시대 때 유행한 평가마의 형태가 들어온다. 한성시기는 진천 산수리·삼용리 가마터와 같은 대단위 조업시설도 있고, 서울 풍납토성 가마터와 같은 소규모의 조업시설도 있다. 인천 불로동 가마터에서는 토기와 기와를 같이 생산하여 한성시기부터 와도겸업 瓦陶兼業의 생산체제가 이루어졌음을 알 수 있다.

삽도 125. 공주 무령왕릉 출토 '양선와 위사의'(梁宣瓦爲師矣)명 벽돌

한성시기의 가마터는 공주 귀산리, 정읍 화룡리, 부여 궁남지에서도 발견되었다. 한성시기 가마터의 분포는 전국적이며 다원화된 체제를 구축하였다. 진천 산수리·삼용리 가마터를 통해 한성시기 가마의 구조를 살펴볼 수 있다. 가마는 불을 지피는 화구火口에서 연기가 나오는 연도에 이르기까지 하나의 통형으로 되어있다. 가마는 화구에서 연소실燃燒室은 한 단 떨어져 내려가고 소성실은 연소실에서 한 단 올려 만들어 중국의 신석기시대 이래의 승염가마〔昇焰圓窯〕를 특수하게 변형하여 발달시킨 것으로 파악되고 있다.[210] 부여 궁남지 가마터는 반지하식으로 소성실 내부 중심부에 길게 화도火道를 마련한 홈〔溝〕이 있어 특이하다.[211] 한편 호남지방의 특색을

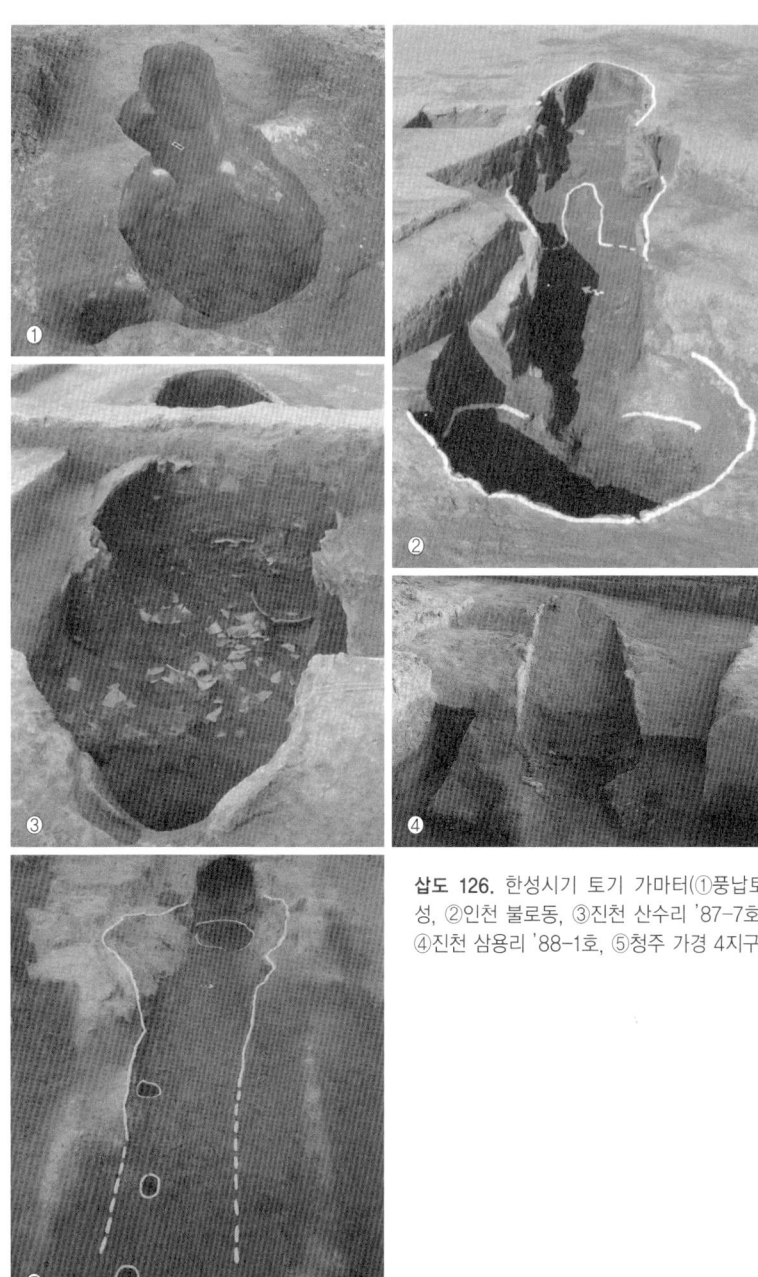

삽도 126. 한성시기 토기 가마터(①풍납토성, ②인천 불로동, ③진천 산수리 '87-7호, ④진천 삼용리 '88-1호, ⑤청주 가경 4지구)

삽도 127. 한성시기 토기 가마터(천안 매성리)

보여주는 오름가마가 영산강유역을 중심으로 확인되고 있다.[212]

웅진시기 가마터는 공주 무령왕릉을 축조한 벽돌을 구웠던 부여 정동리와 나주 오량동,[213] 익산 신용리에서 발견되었다. 부여 정동리 가마터는 무령왕릉 벽돌에 쓰여진 내용에 의하면 중국 양나라 장인의 지도로 만든 최초의 가마가 될 것이다. 이곳에서는 토기도 만들었으며 기와와 함께 번조燔造하는 와도겸업의 형태였을

---

[210] 최병현·김근완·유기정·김근태, 2006, 『鎭川 三龍里·山水里 土器 窯址群』, 한남대학교중앙박물관

[211] 국립부여박물관, 2007, 『궁남지』.

[212] 박수현, 2001, 「호남지방 토기요지에 관한 일시론」 『연구논문집』 제1집, 호남문화재연구원. 이영철·조희진, 2005, 『고창 석교리 유적』, 호남문화재연구원.

[213] 최성락 외, 2004, 『오량동 가마유적』, 목포대학교박물관·동신대학교 문화박물관.

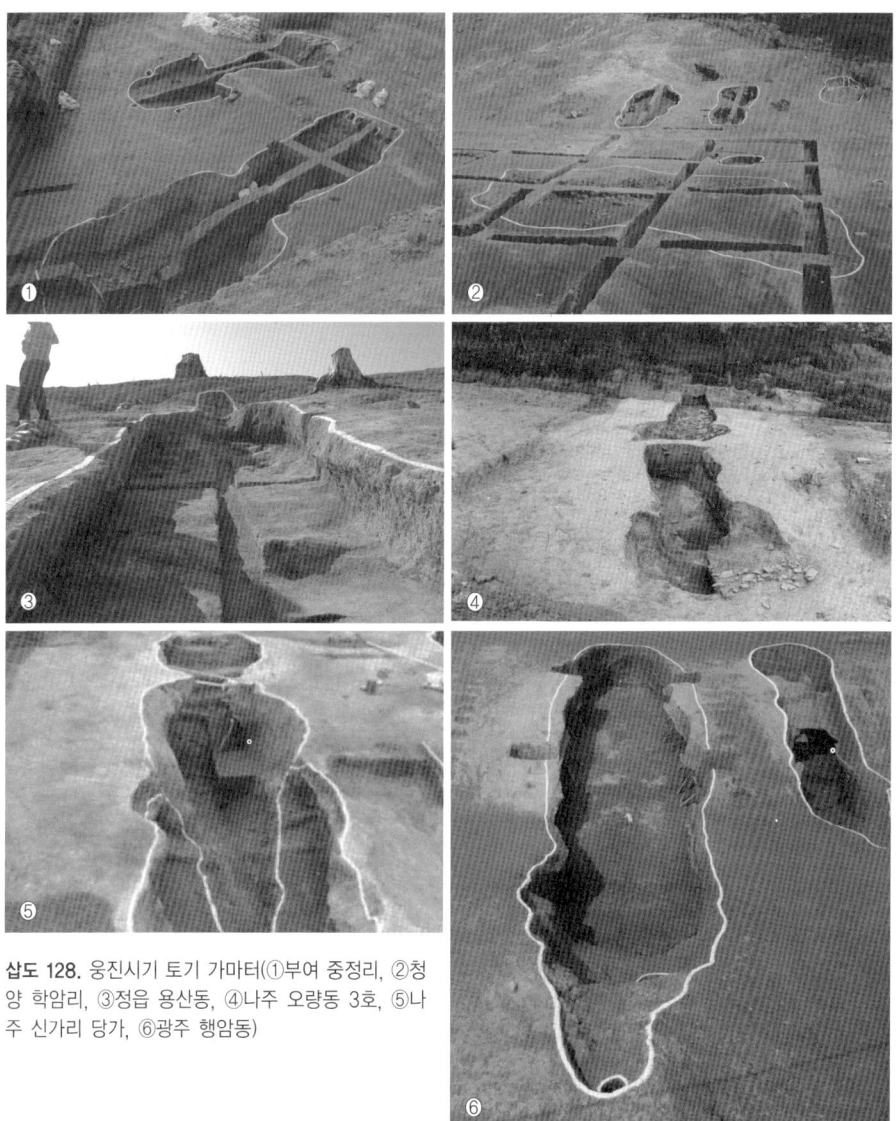

삽도 128. 웅진시기 토기 가마터(①부여 중정리, ②청양 학암리, ③정읍 용산동, ④나주 오량동 3호, ⑤나주 신가리 당가, ⑥광주 행암동)

삽도 129. 사비시기 토기 가마터(①·②부여 정암리 A지구 1호, ③부여 정암리 B지구 2·3호, ④부여 정암리 B지구 5~9호, ⑤청양 관현리 질평, ⑥청양 왕진리 4호, ⑦부여 송국리)

것이라고 짐작된다. 나주 오량동 가마터는 오름가마로 토기만을 구웠으며, 구조는 진천 산수리·삼용리 가마와 약간 다른데, 화구와 소성실이 거의 동일 평면상에 만들어진다. 광주 행암동 가마터는 대단위 요업단지가 있었던 곳으로 오름가마로 된 토기 생산지로 내부구조는 진천 산수리·삼용리 가마와 비슷한 것으로 되어있으나 5호 가마터의 경우 소성실이 계단식을 이루고 있어 발전된 양상을 보여준다. 청양 학암리 Ⅱ-A가마는 2기가 동시에 조영된 지하식 쌍가마로 웅진 Ⅱ기나 사비 Ⅰ기에 해당한다.[214] 한편 부여 중정리에서 확인된 오름가마는 요전회구부窯前灰丘部가 따로따로 있는 단독가마로 웅진 Ⅱ기에 해당한다.

사비시기 토기 가마터는 금강유역과 영산강유역에서 확인된다. 금강유역에는 오름가마와 평가마가 있다.[215] 오름가마는 부여 쌍북리[216]·정암리 A·B지구[217]·신리[218]·송국리 '76-70지구,[219] 청양 관현리 질평[220] 등에서 확인되었다. 금강유역의 하류인 익산 신용리 가마터에서 사비 Ⅰ기에 토기가 만들어져 부여지방으로 공급되

---

[214] 충청남도역사문화원, 2006, 『靑陽 鶴岩里·分香里 遺蹟』.

[215] 金誠龜, 1990, 「扶餘의 百濟窯址와 出土遺物에 대하여」『百濟硏究』 21집, 충남대학교백제연구소.
金鍾萬, 2002, 「泗沘時代 瓦에 나타난 社會相 小考」『國立公州博物館紀要』 2집, 국립공주박물관.

[216] 尹武炳, 1982, 「扶餘 雙北里遺蹟 發掘調査報告書」『百濟硏究』 13집, 충남대학교 백제연구소.

[217] 申光燮·金鍾萬, 1992, 『부여 정암리 가마터(Ⅱ)』, 국립부여박물관.

[218] 金鍾萬, 1999, 「百濟後期 土器盌의 樣相과 變遷」『東垣學術論文集』 2집, 한국고고미술연구소.

[219] 國立中央博物館, 1995, 『松菊里Ⅳ』.

[220] 大田保健大學博物館, 2002, 『靑陽 冠峴里 瓦窯址』.

고,²²¹ 고창 운곡리, 익산 산북리에서도 오름가마²²²가 발견되고 있어 다원적인 체제를 갖추었다.

이들 오름가마는 소성실 내부의 형태에 따라 무단식과 계단식으로 나누어볼 수 있다. 무단식은 한성시기부터 웅진시기에 조영된 가마가 해당되며, 사비시기에는 초촌 송국리, 익산 신용리, 고창 운곡리, 청양 관현리 질평 등에 있는 가마터가 이를 계승하고 있다. 계단식은 정암리 가마터·쌍북리·능사 옆 동나성 가마터에서 확인된다.

평가마는 부여 정암리 A지구 1호 및 B지구(2, 3, 5, 6호)·동남리 구인삼창부지·정림사 강당지 하부·왕흥사 인근, 청양 왕진리 강변 4호 가마터²²³에서 확인된다. 부여 동남리 구인삼창부지 가마터는 사비 I기의 연대를 갖는 반지하식으로, 소성실 앞과 뒤의 각이 거의 없는 완전 평탄식이다.

한편 남부지방에는 순천 대안리 소안²²⁴과 나주 금천 당가²²⁵에서 사비 II기의 오름가마가 확인되었다.

---

221 김종만, 「성왕시대 백제 생활토기」『백제의 성왕과 그의 시대』, 부여군백제신서3.
222 全榮來, 1973, 「高敞, 雲谷里 百濟窯址 發掘報告」『全北遺蹟調査報告(下)』, 서경문화사.
223 이애령, 2001, 「靑陽 汪津里瓦窯址 發掘調査槪要」『東垣學術論文集』 4집, 한국고고미술연구소.
224 順天大學校博物館, 1997, 「順天 海龍面의 文化遺蹟」『順天 劍丹山城과 倭城』.
225 이정호, 2003, 「영산강유역의 고대 가마와 그 역사적 성격」『삼한·삼국시대의 토기생산기술』, 복천박물관.

3

기술의 전파

백제토기 제작기술은 바다건너 일본에 전해졌다. 일본 고훈(古墳)시대의 대표적인 토기인 스에끼(須惠器)는 백제토기의 제작기술이 근간이 되었다. 일본 효고현(兵庫縣)의 데아이(出合)유적은 스에끼를 생산한 최초의 가마[226]로 구조가 한성시기의 풍납토성, 진천 산수리·삼용리, 전주 송천동 가마터와 흡사하다. 그리고 오사카 스에무라(陶邑) ON231호 가마의 요전회구부에서 수습된 개배, 토기에 타날된 횡주평행선문, 부뚜막시설 등은 한성시기의 특징적인 유물들로 일본 스에끼 탄생에 큰 영향을 주었다.

이러한 기술적인 전파 외에도 백제토기가 직접 전해지거나 일본에서 백제토기를 본따 만든 백제계토기가 가마 출토품 이외에도 고분, 집터, 절터에서 호류(단경호, 직구호), 배류(개배, 고배, 삼족토기), 파수부잔, 완, 전달린토기, 병(단경병, 배부병), 조족문토기, 대부배(臺附杯), 도가니 등이 확인되고 있다. 이들 토기류에 대

---

[226] 龜田修一, 1993, 「神戶市出合遺蹟の調査」『討論會須惠器の始まりを考える』, 須惠器の始まりを考える實行 委員會.
田中淸美, 1994, 「播磨出合遺蹟と瓦質土器」『韓式系土器研究』Ⅶ, 韓式系土器研究會.

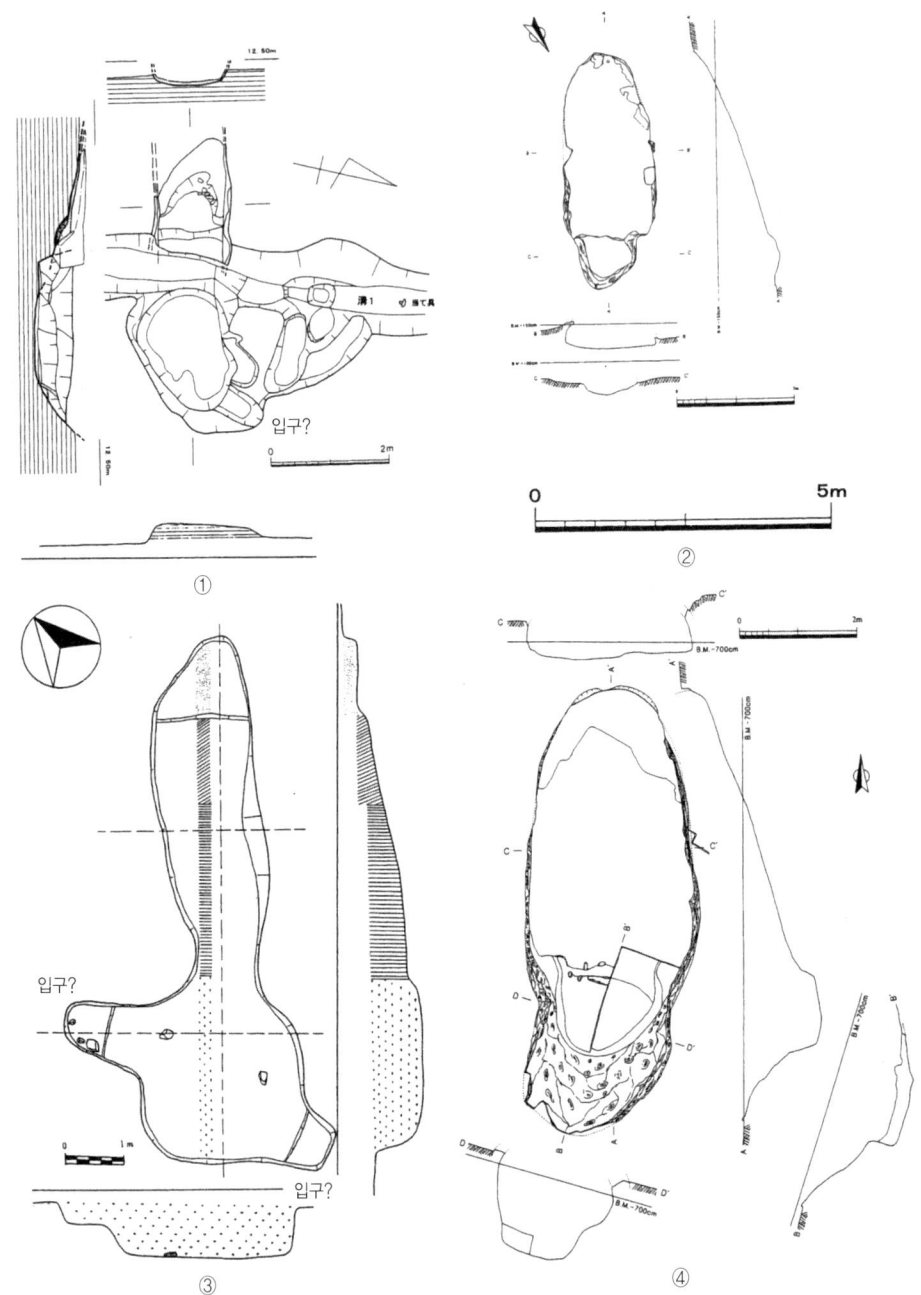

삽도 130. 한일 고대 가마 비교도(①일본 효고현 데아이유적, ②진천 삼용리, ③승주 대곡리, ④진천 산수리)

해 일본의 연구자들은 한식계토기韓式系土器로 부르고 있다.

호류는 단경호, 직구호가 있다. 단경호는 오사카〔大阪〕시조나와 테소학교·나라이〔四條畷小學校·奈良井〕유적, 나라〔奈良〕다하라모토조〔田原本町〕가라코·카기〔唐古·鍵〕유적에서 발견되었다. 몸통에 횡주평행선 무늬가 타날되고 제작기법을 보면 금강유역과의 교류에 의해 건너간 토기로 추측된다. 특히 오사카 나라이유적에서 발견된 소형단경호는 입술부를 의도적으로 찌그려서 타원형을 이루게 하였는데, 부여 용정리·중정리, 군산 산월리 등에서 확인된 소형단경호와 매우 유사하다.

배류는 개배, 고배, 삼족토기가 있다. 개배는 오사카 스에무라〔陶邑〕ON231호 요전회구부 출토품이 스에끼 중 가장 이른 형식에 속하는 요람기 유물로 5세기 전반에 해당하는데 담양 성산리 4호 집터 출토품과의 비교를 통해 유사성이 지적되고 있다.[227] 오카야마〔岡山〕텐구야마〔天狗山〕고분 출토 개배는 이기재 자국(선상자국, 火だすき)이 남아 있어 영산강유역과 관련이 있다. 그리고 구마모토현〔熊本縣〕기쿠스이조〔菊水町〕에다후나야마〔江田船山〕고분 출토 개배는 바닥의 중앙이 약간 볼록하게 나온 특징을 갖고 있어서 담양 제월리 고분, 영암 태간리 자라봉 장고분, 해남 월송리 조산고분 출토품과 비교할 수 있으며[228], 공주 도천리유적 출토품 중에도 유사한 것이 있다.[229] 한편 산인〔山陰〕과 긴끼〔近畿〕지방에서 발견되고 있는 개배에

---

[227] 김건수·김영희, 2004, 「潭陽 城山里遺蹟」, 湖南文化財硏究院.
[228] 林永珍, 1996, 「全南의 石室墳」『全南의 古代墓制』, 木浦大學校博物館.
[229] 金鍾萬, 2001, 「公州 道川里出土 百濟土器 小考」『國立公州博物館紀要』創刊號, 國立公州博物館.

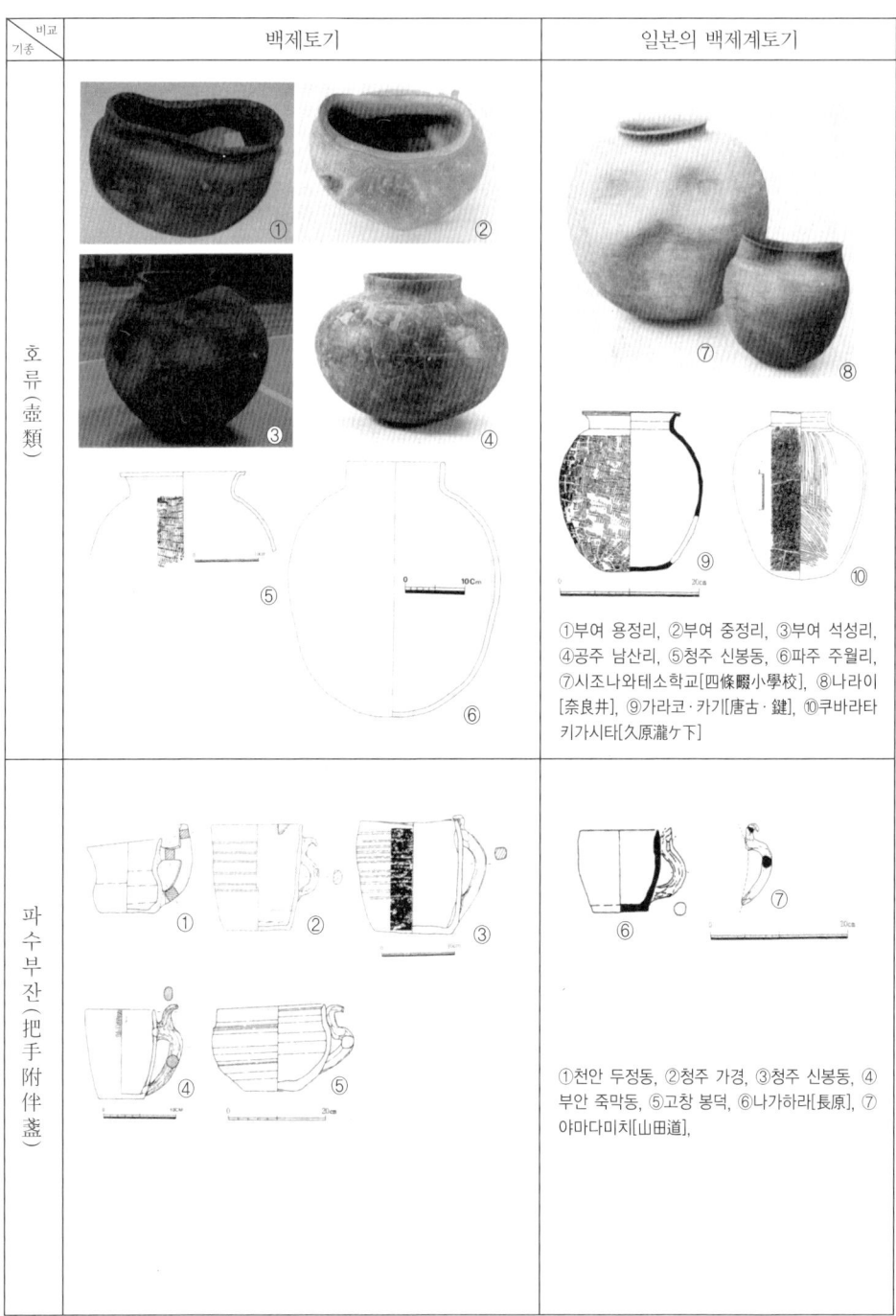

삽도 131. 한일 고대 토기 비교(호류 · 파수부잔)

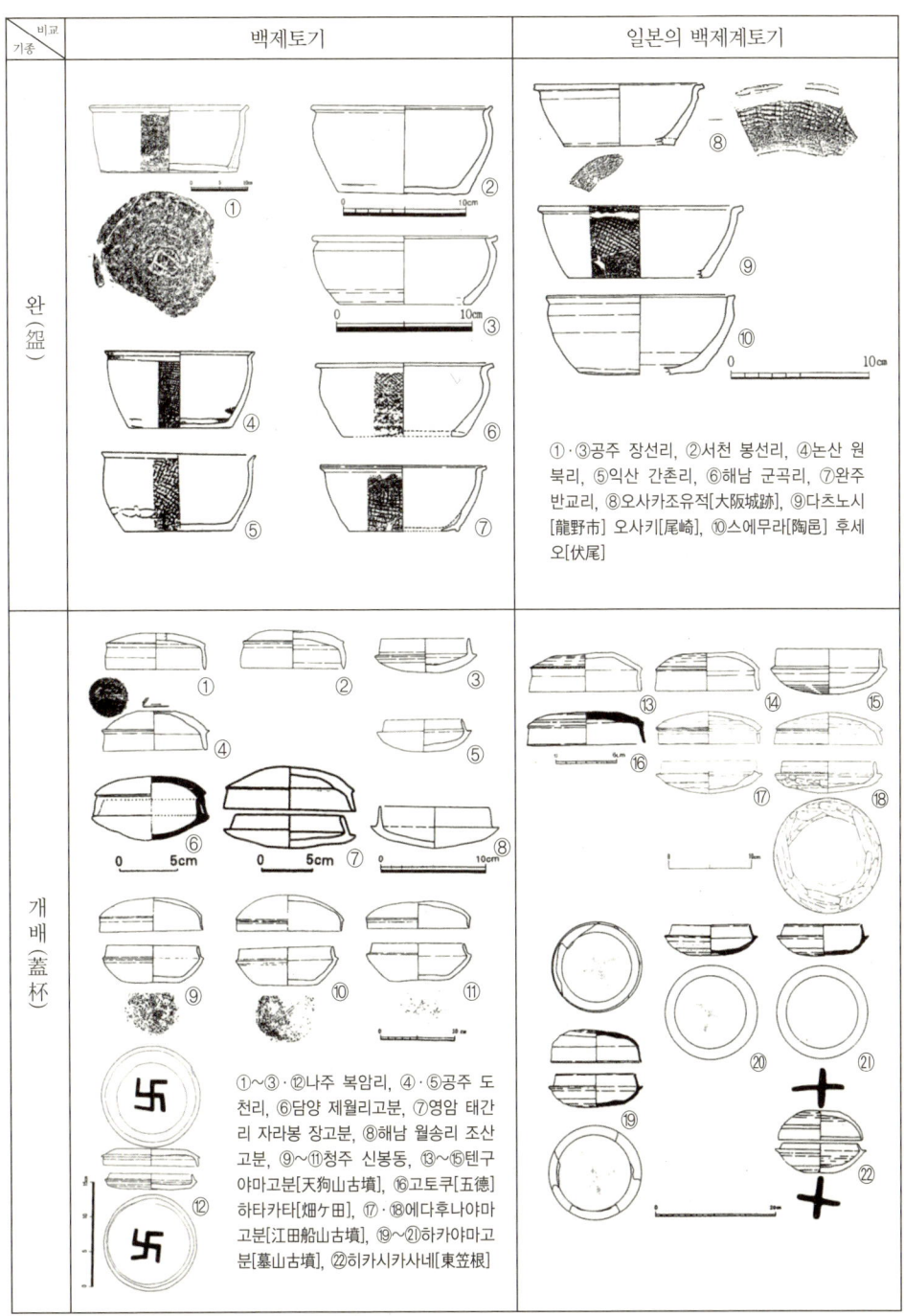

삽도 132. 한일 고대 토기 비교(완·개배)

'십十', '사寺'자 등이 주칠로 쓰여져 있는 것이 있다.[230] 백제고지에서는 청주 신봉동 '90B-1호 토광묘,[231] 나주 복암리 8호 석곽옹관묘 출토 개배에 주사로 쓰여진 글자가 있어 백제의 영향이 아닌가 한다.

고배는 무개식과 유개식의 2종류가 있다. 오사카 나가하라(長原) 유적에서 발견된 고배는 완 모양의 몸통에 굽이 달려있는 것으로 스에끼에는 좀처럼 보이지 않는 기형이다. 이러한 형태는 이천 설성산성, 대전 구성동 D-3호 토광묘, 보성 조성리 4호 집터·구상유구, 나주 덕산리 8호분[232]·복암리 1호분 주구 동남구,[233] 해남 신금 60호 집터[234] 출토품과 유사하다.

한편 규슈(九州) 니시모리타(西森田)유적에서 발견된 유개식 고배는 백제 중심지역과 관련된 것이다.[235] 이 고배는 백제의 전형 기종으로 한성시기부터 보이고 있으나 입술이 길어지고 몸통이 낮아진 점에서 공주 정지산 17저장공 하층·금학동 11호 석실분에서 볼 수 있는 웅진 I기의 형태와 비교할 수 있다.[236]

삼족토기는 규슈 사가현(佐賀縣) 노다(野田)유적에서 발견된 1점이 있는데, 한반도 중부지방과의 관련성이 제기되고 있다.[237] 이 삼

---

[230] 谷本進, 1988, 「漆記號を施した須恵器と鎭魂儀禮」『但馬考古學』第5集, 但馬考古學硏究會.

[231] 李源福 外, 『淸州新鳳洞B地區土壙墓發掘調査報告』, 國立淸州博物館.

[232] 林永珍 外, 2002, 『羅州 德山里 古墳群』, 全南大學校博物館.

[233] 崔秉鉉·柳基正, 1997, 『大田九城洞遺蹟』, 韓南大學校博物館.
崔仁善·李東熙·朴泰洪·宋美珍, 2003, 『寶城 鳥城里 遺蹟』, 順川大學校博物館.
林永珍·趙鎭先·徐賢珠, 1999, 『伏岩里古墳群』, 全南大學校博物館.

[234] 李暎澈·金美蓮·張明燁, 2005, 『海南 新今 遺蹟』, 湖南文化財硏究院.

[235] 武末純一, 2000, 「九州의 百濟系土器」『日本所在 百濟文化財 調査報告書II』, 국립공주박물관.

[236] 金鍾萬, 2007, 『百濟土器의 新硏究』, 書景文化社, pp198~200.

족토기는 형태 면에서 한성 Ⅲ기~웅진 Ⅰ기의 것과 매우 유사하며, 풍납토성 경당지구 9호 유구, 몽촌토성, 공주 송산리 방단유구 출토품과 대비된다.

파수부잔은 오사카 나가하라유적, 나라〔奈良〕야마다미치〔山田道〕유적에서 발견되었는데, 몸통에 반원 모양의 손잡이를 부착하고 상부에 엄지손가락을 뒤로 젖힌 듯한 형태를 덧붙인 것이 특징으로 부안 죽막동 제사유적 출토품과의 관련성이 제기된 바 있다.[238] 최근 나가하라 출토품의 손잡이와 유사한 것이 청주와 고창지역에서도 발견되었다.

완〔淺鉢〕은 긴끼지방에서 발견되고 있으며 영산강유역을 포함한 전남지방에서 원향原鄕 계보를 구하고 있다.[239] 완은 일상 생활용기의 기본으로 분포 범위가 매우 넓어서 서천 봉선리 7호 토광묘, 공주 장선리 2·21호 토실土室, 논산 원북리, 익산 간촌리 Ⅰ-1호 토광묘[240] 등 금강유역에서도 다수 발견되고 있기 때문에 전남지방에 국한시키는 것은 검토가 필요하며 좀 더 넓은 범위에서 계보를 구하는 것이 바람직하다.

병은 단경병과 배부병杯附瓶이 있다. 일본 스에끼 제작에 있어 희소한 것 중의 하나가 병이다. 백제시대의 병이 4세기 경에 출현

---

[237] 武末純一, 2000,「九州의 百濟系土器」『日本所在 百濟文化財 調査報告書Ⅱ』, 국립공주박물관.

[238] 吉井秀夫, 1999,「日本近畿地方における百濟系考古資料をめぐる諸問題」『日本所在百濟文化財調査報告書Ⅰ』, 國立公州博物館.
國立全州博物館, 1994,「扶安 竹幕洞 祭祀遺蹟」.

[239] 寺井誠, 2002,「遺構と遺物の檢討」『大阪城跡』Ⅴ.

[240] 成正鏞, 2006,「錦江流域原三國時代の土器樣相について」『韓式系土器研究』Ⅸ, 韓式系土器研究會.

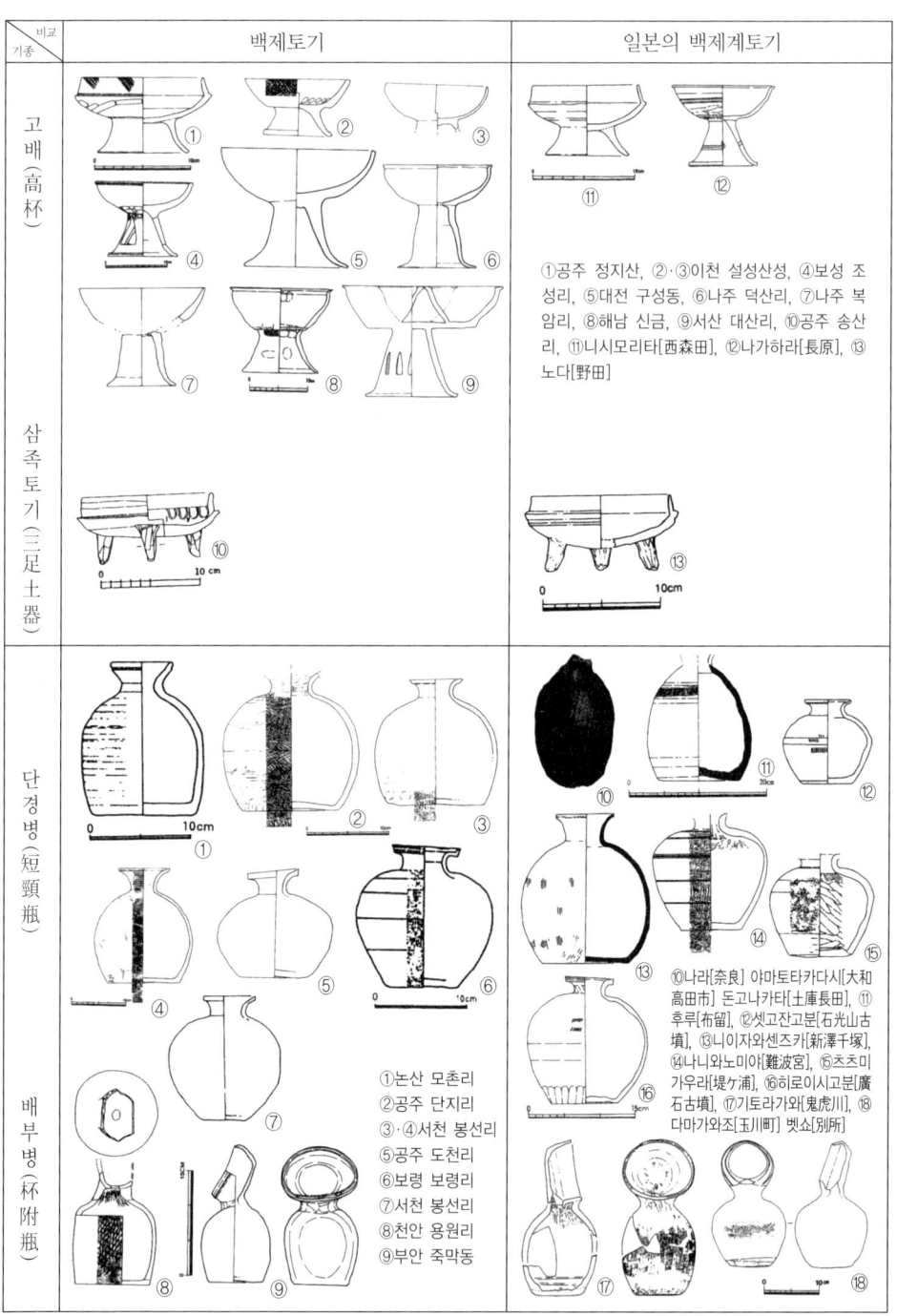

삽도 133. 한일 고대 토기 비교(고배, 삼족토기, 병)

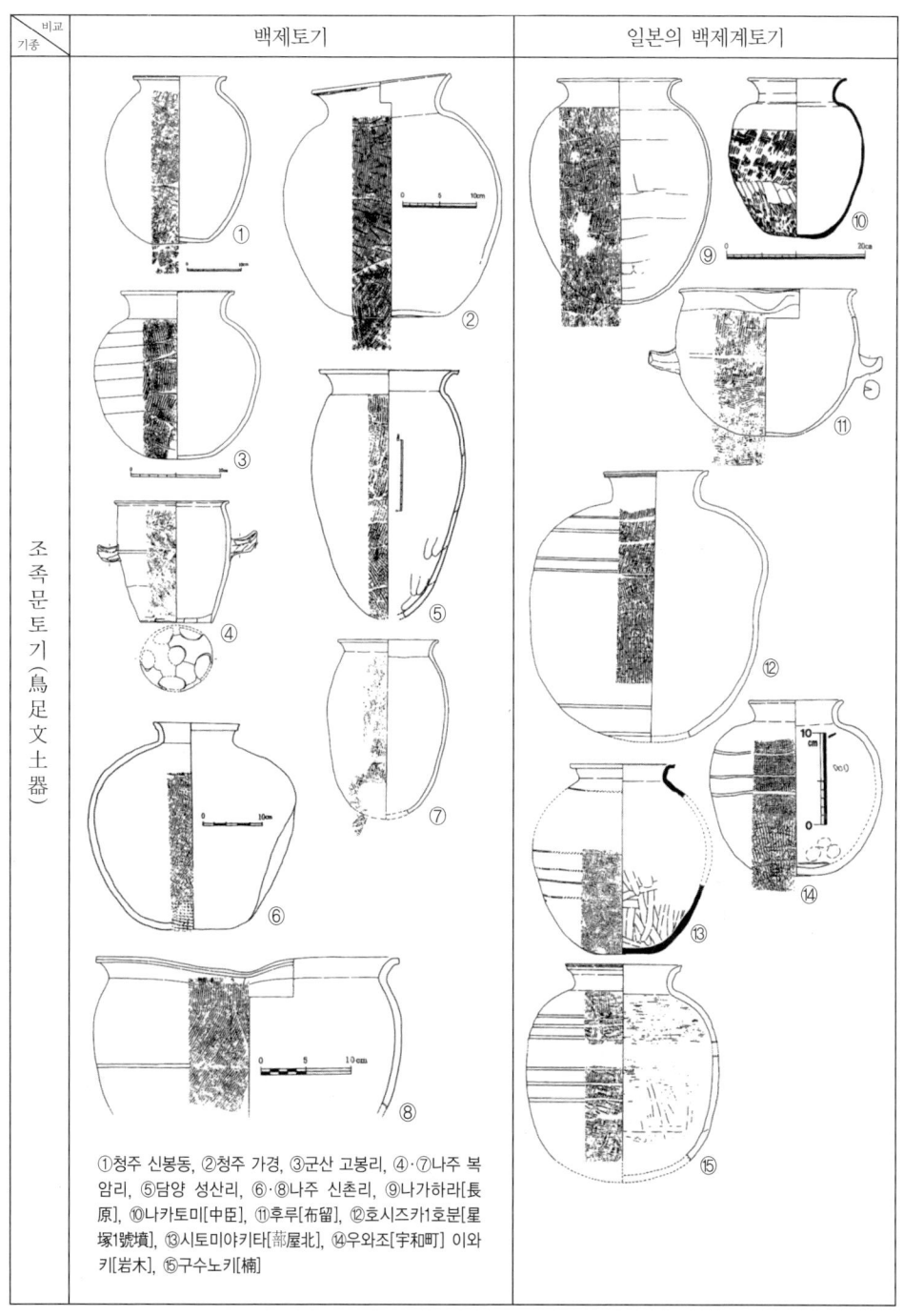

삽도 134. 한일 고대 토기 비교(조족문토기1)

하고 있는 것에 비하면 일본에서는 5세기 후반 경이 되어야 나타나고 있으며 나라지역에서 백제계의 병이 발견되고 있다. 나라 야마토타카다시〔大和高田市〕돈고나카타〔土庫長田〕·후루〔布留〕유적 출토 병[241]은 몸통이 비교적 세장하게 내려오는 점에서 논산 모촌리 15호 무덤 출토품[242]과 대비된다. 나라 니이자와센즈카〔新澤千塚〕281호 무덤 출토품은 경질소성으로 몸통이 둥글고 바닥지름이 넓은 것이 특징이다. 이와 비슷한 형태는 몽촌토성[243], 청주 신봉동 21호 토광묘[244], 이천 설봉산성 다-6호 토광[245]에서도 볼 수 있지만 시기상으로 앞서고 있어 서천 봉선리 1·14호 석곽묘[246], 공주 단지리 4지구 6호 횡혈묘 출토품[247]과 비교하는 것이 좋을 듯하다. 우연의 일치인지는 모르겠지만 양 지역의 고분에서 출토된 병 모두가 형태도 비슷하지만 입술 부분을 깨서 고분에 부장하고 있어서 제사행위의 일종으로 추측된다. 나라 셋고잔〔石光山〕43호 무덤 출토품은 몸통의 어깨가 볼록하고 입술의 형태가 공주 도천리 유적에서 나온 것과 유사하다.[248] 규슈 코우이시〔鑛石〕고분군 I-3호분

---

[241] 大和高田市埋藏文化財リーフレット,『土庫遺蹟·土庫長田遺蹟の發掘調查』, 大和高田市敎育委員會.

[242] 安承周·李南奭, 1993,『論山 茅村里 百濟古墳群發掘調查報告書』, 公州大學校博物館.

[243] 金元龍·任孝宰·朴淳發, 1988,『夢村土城』, 서울大學校博物館.

[244] 車勇杰·禹鍾允·趙詳紀·吳允淑, 1990,『淸州 新鳳洞 百濟古墳群 發掘調查報告書』, 忠北大學校博物館.

[245] 檀國大學校中央博物館, 1999,『利川 雪峰山城 1次 發掘調查報告書』.

[246] 忠淸南道歷史文化院, 2005,『舒川 鳳仙里遺蹟』.

[247] 朴大淳·池珉周, 2006,『公州 丹芝里 遺蹟』, 충청문화재연구원.

[248] 金鍾萬, 2001,「公州 道川里出土 百濟土器 小考」『國立公州博物館紀要』창간호, 국립공주박물관.

출토품은 입술부와 몸통 모양을 볼 때 서천 봉선리고분 출토품과 대비된다.[249] 오사카 나니와궁〔難波宮〕출토품[250]은 가장 늦은 시기의 형태로 몸통에 평행선문이 타날되어 있고 횡침선이 돌아가고 있는 점에서 보령 보령리 석실분 출토품과 유사하다.

배부병은 오사카 기토라가와〔鬼虎川〕유적과 애히메현〔愛媛縣〕 다마가와조 벳쇼〔玉川町 別所〕에서[251] 발견되고 있으며 청원 주성리 2호 석실묘[252], 천안 용원리 C지구 1호 석곽묘,[253] 부안 죽막동 제사유적,[254] 고창 석교리 8호 집터[255] 출토품과 비교할 수 있다. 특히 애히메현 다마가와조 벳쇼 출토품과 같이[256] 표면에 격자문이 있는 것은 천안 용원리 C지구 1호 석곽묘 및 부안 죽막동 제사유적 출토품과 동일한 요소이다.[257]

---

[249] 金鍾萬, 2004, 『泗沘時代 百濟土器 硏究』, 書景文化社.

[250] 寺井誠, 2004, 「古代難波の外來遺物」『難波宮址の硏究』, 大阪市文化財協會.

[251] 勝田邦夫·曾我恭子, 1994, 『西ノ辻遺蹟第27次·鬼虎川遺蹟第32次發掘調査報告書』, 東大阪市文化財協會.
三吉秀充, 2002, 「伊予出土の陶質土器と市場南組窯系須惠器をめぐって」『陶質土器の受容と初期須惠器の生産』.

[252] 韓國文化財保護財團, 2000, 『淸原 主城里遺蹟』, p124 圖面43-①.

[253] 임효재·최종택·윤상덕·장은정, 2001, 『龍院里遺蹟C地區發掘調査報告書』, 서울大學校博物館.

[254] 國立全州博物館, 1994, 『扶安 竹幕洞 祭祀遺蹟』.

[255] 李暎澈·趙希鎭, 2005, 『高敞 石橋里 遺蹟』, 湖南文化財硏究院.

[256] 勝田邦夫·曾我恭子, 1994, 『西ノ遺蹟第27次·鬼虎川遺蹟第32次發掘調査報告書』, 東大阪市文化財協會.
三吉秀充, 2002, 「伊予出土の陶質土器と市場南組窯系須惠器をめぐって」『陶質土器の受容と初期須惠器の生産』.

[257] 김종만, 2008, 「日本出土 百濟系土器の硏究」『朝鮮古代硏究』第9号, 日本朝鮮古代研究刊行會.

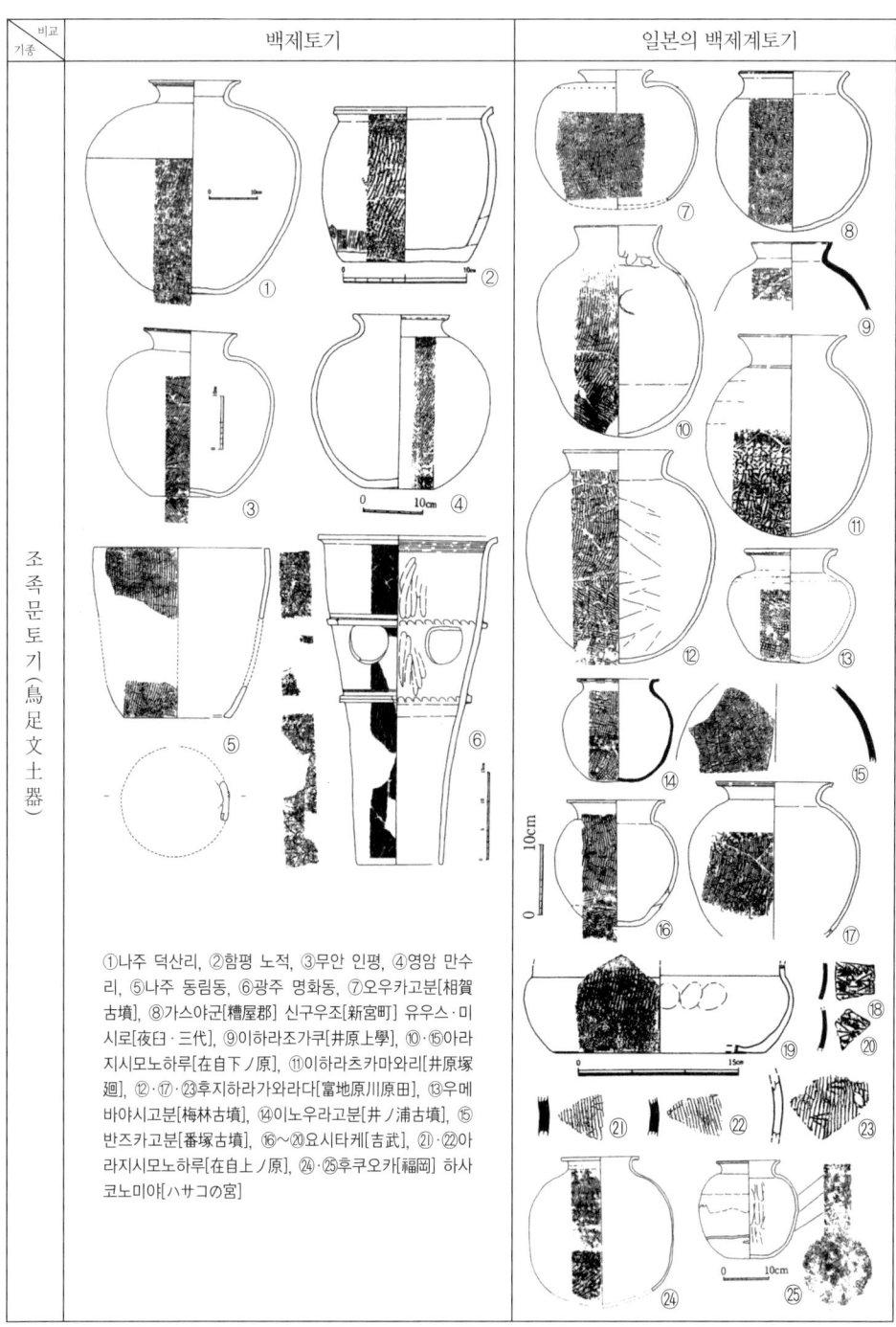

삽도 135. 한일 고대 토기 비교(조족문토기2)

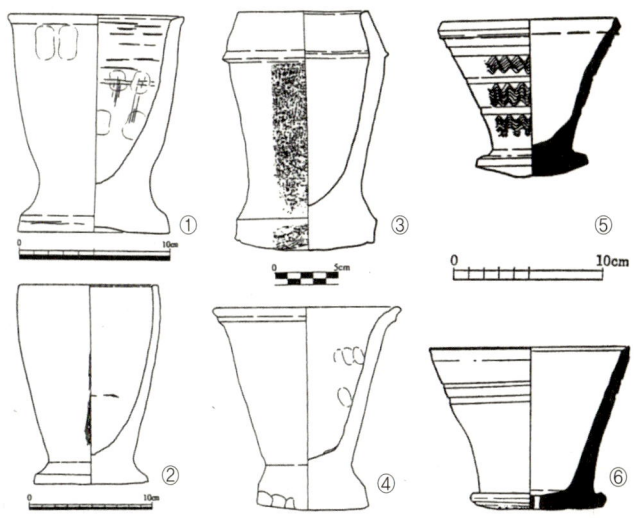

삽도 136. 한일 고대 대부배 비교(①아산 갈매리, ②보성 조성리 1호 집터, ③·④이천 설성산성, ⑤일본 오사카 TK23호 가마터, ⑥일본 오사카 TK217호 가마터)

조족문토기는 일본열도의 긴끼, 시코쿠〔四國〕, 규슈지방에서 발견되며 일본 내에서 가장 많이 수습되는 백제계토기이다.[258] 특히 서일본지역의 하카다만〔博多灣〕과 오사카만〔大阪灣〕 주변지역에서 4세기 말~5세기 전반 경의 조족문토기가 다량 발견되고 있는데,

---

[258] 竹谷俊夫·日野宏, 1993,「布留遺蹟杣之內地區出土の初期須惠器と韓式系土器」『韓式系土器研究』Ⅳ, 韓式系土器研究會.
田中淸美, 1994,「鳥足文タタキと百濟系土器」『韓式系土器研究』Ⅴ, 韓式系土器研究會.
西田大輔, 1996,「夜臼·三代地區遺蹟群出土の韓式系土器について」『韓式系土器研究』Ⅵ, 韓式系土器研究會.
櫻井久之, 1998,「鳥足文タタキメのある土器の一群」『大阪市文化財協會研究紀要』創刊號.
國立公州博物館, 1999·2000·2002,『日本所在 百濟文化財 調査報告書』Ⅰ·Ⅱ·Ⅲ.
寢屋川市敎育委員會, 2001,『楠遺蹟Ⅱ』.
中野咲(和田晴吾編), 2007,「近畿地域·韓式系土器集成」『渡來遺物からみた古代日韓交流の考古學的硏究』.
岩瀨 透, 2008,「大阪府·屋北遺蹟」『集落から都市へ』Ⅴ, 考古學研究會第54會研究集會.
金鍾萬, 2010,「鳥足文土器の起源と展開」『古文化談叢』第63輯, 九州古文化研究會.

이들 지역은 도래계 문화의 유입지로 교역의 중심지였다.

일본열도 조족문토기 출현에 대하여는 백제가 마한을 점령하면서 마한의 구성원 일부가 백제의 탄압을 피해 건너온 것으로 이해하고 있는 등 마한의 토기양식으로 보고 있다.[259] 그러나 조족문토기가 발견되고 있는 지역은 교역의 중심지여서 백제의 마한 잠식 과정과 관련된 것이 아니라 교역의 거점지역을 확보하기 위하여 항구도시에 이 집단이 거주하면서 나타난 것으로 이해하는 것이 좋을 듯하다.

일본열도의 초창기 조족문토기는 영산강유역보다는 남한강·금강유역과 관련이 있다. 백제고지의 조족문토기는 중부지방에서 먼저 출현하였고 이천 설성산성, 풍납토성, 천안 용원리, 청주 신봉동, 공주 단지리, 군산 산월리 등 남한강, 금강유역에서 강한 출토 예를 보인다. 남한강과 금강유역의 철鐵은 왜(倭)가 필요로 하는 물자라는 점에서 교역이 이루어졌을 것이고, 오사카 시토미야기타(蔀屋北)유적 등 말 사육장으로 추정되고 있는 곳에서 조족문토기가 공반되는 것은 이들과 관련이 있는 것이라고 생각된다. 규슈 반즈카(番塚)고분 출토 조족문토기에 대해 영산강유역과의 교류에 의해 나타난 것으로 보고 있으나[260] 당시 웅진시기 백제 중앙정부

---

[259] 朴仲煥, 1999, 「鳥足文土器考」 『考古學誌』 第10輯, 韓國考古美術硏究所.
_____, 1999, 「日本의 鳥足文土器考와 古代 韓國文化」 『東垣學術論文集』 2, 國立中央博物館.
白井克也, 2002, 「土器からみた地域間交流-日本出土の馬韓土器·百濟土器」 『古代日本と百濟』, 大巧社.
崔榮柱, 2005, 「全南地方 出土 鳥足文土器 一考察」 『硏究論文集』 第5號, 湖南文化財硏究院.
_____, 2006, 「鳥足文土器 考察」, 全南大學校碩士學位論文.
吉井秀夫, 2007, 「土器資料を通してみた3~5世紀の百濟と倭の交渉關係」 『渡來遺物からみた古代日韓交流の考古學的硏究』.

[260] 柳澤一男, 2006, 「5~6世紀の韓半島西南部と九州」 『加耶, 洛東江에서 榮山江으로』, 金海市.

의 요청에 의해 이루어진 일이기 때문에 금강유역과 관련된 것으로 보는 것이 자연스럽고 실제로 금강유역에서 조족문토기가 나타나고 있는 것은 이를 증명한다고 할 수 있다. 나라 아까오호와다니〔赤尾崩谷〕1호분 3호무덤 출토 조족문토기[261]는 청주 신봉동 '90-53호 토광묘 출토품과 매우 유사한 것도 이를 뒷받침해주는 자료이다. 물론 일본열도의 조족문토기는 영산강유역과도 분명히 교류를 통해 이입되었음은 주지의 사실이다.

5세기 중엽 경 스에무라〔陶邑〕TK23 단계에 나타나고 있는 대부배臺附杯〔すり鉢〕는 아산 갈매리, 이천 설성산성, 보성 조성리 등에서 확인되고 있어 백제토기의 영향으로 보인다.

사비시기에 들어오면 이전 시기보다는 영향이 줄어들고 있으나 화장장골용기, 전달린토기, 도가니 등이 일본에서 확인된다. 화장장골용기는 특이하게도 사비시기 부여지방을 중심으로 성행한 양식인데, 화장장골용기에 이용된 유개직구단경호는 일본 나라시대에 규슈지방을 중심으로 유행하고 있어 상호 관련성이 지적되고 있다.[262] 그리고 사비시기 도가니의 형태와 유사한 것이 일본 아스카이께〔飛鳥池〕유적에서 다량 수습되어[263] 백제문화의 일본 전파에 관한 연구에 많은 도움이 되고 있다. 전달린토기는 오사카 나니와궁 출토품이 있다. 부여·익산지방의 왕궁터, 절터에서 발견되는 것과 흡사한 것이다.

---

[261] 大阪府立近つ飛鳥博物館, 2004, 『今來才伎-古墳·飛鳥の渡來人』.
[262] 小田富士雄, 1986, 「日韓火葬墓の出現」 『古文化談叢』 16集, 九州古文化硏究會.
김종만, 1999, 「화장묘의 유행」 『백제』, 국립중앙박물관.
[263] 奈良國立文化財硏究所, 1992, 『飛鳥池遺蹟の調査, 1991-1次調査』.

백제토기의 제작기술이 일본에 전파되어 스에끼 초기 단계에서부터 지속적으로 영향을 미쳐 일본의 수공업생산에 새로운 바람을 불러 일으켰음을 알 수 있다. 일본에서는 한성시기부터 사비시기에 이르기까지 꾸준히 백제의 영향을 받은 백제계토기가 발견되고 있으며, 주로 5세기 경의 유물이 많고 7세기를 정점으로 양이 줄어든다. 이러한 현상은 고대 동아시아에 있어 용기류에 대한 평준화가 이루어진 결과이다.

나가며

 백제토기는 백제 사람들에 의해 만들어진 토기로 3세기 후엽 경부터 660년까지 사용되었다. 백제토기는 점토의 질감을 잘 살려 투박하지 않고 유려한 곡선으로 이루어져 우아하다. 백제토기는 초기 도읍지였던 한강유역에서 형성, 성립되어 금강유역에서 완성되었다. 백제토기는 원삼국시대에서 고대국가 체제가 확립된 백제百濟로 이행하는 과정에서 계승된 전통양식 토기와 새로 출현한 신기종의 토기가 함께 사용되면서 삼국시대 토기의 일원으로 자리 잡았다.

 백제토기는 북쪽으로부터 황해도, 서울, 경기도, 충청도, 전라도지방에서 확인되고 있으며 많은 기종을 만들어 사용하였다. 백제토기는 다양한 기종뿐만이 아니라 생산과 유통이 체계적으로 이루어져, 다원적인 공급체계가 이루어졌다. 백제토기는 분업화에 따라 규격화된 공통양식 토기로 만들어지고, 국제성, 개방성도 내포하고 있어 백제 내부에만 머무르지 않았다. 백제는 주변국에 토기를 만드는 제작방법을 전파한 기술 선진국이었다.

 백제토기의 시기 구분은 3번에 걸친 수도의 이전에 따라 한성시기(~475), 웅진시기(475~538), 사비시기(538~660)로 나뉜다.

한성시기는 백제가 고대국가로 진입하는 3세기 후엽 경부터 웅진으로 천도하는 475년까지이다. 한성시기의 백제토기는 한성 Ⅰ기, 한성 Ⅱ기, 한성 Ⅲ기로 나누어 살펴보았다.

한성 Ⅰ기는 백제토기가 등장하는 시기이다. 이 단계는 3세기 후엽 경에서 신기종이 추가로 등장하는 3세기 말까지로 서울의 한강유역을 중심으로 고대국가의 틀을 다질 때이다. 흑색마연이 있는 직구광견호, 광구단경호, 꼭지가 없는 뚜껑과 더불어 원삼국시대 이래로 사용된 대형·중형단경호, 장란형토기, 심발형토기, 시루, 완 등이 있다. 한성 Ⅱ기는 기종이 추가로 등장하는 단계로 4세기 초부터 4세기 말까지이다. 이 단계의 주요 기종으로는 배류(삼족토기, 고배, 개배)의 등장을 들 수 있다. 한성 Ⅲ기는 백제가 영역확장에 따라 신기종과 재래식 기종이 남하하는 단계이면서 병류와 횡병橫甁 등의 기종이 새로 추가되는 시기로 5세기 초부터 475년까지이다. 이 단계에 백제는 금강유역과 영산강유역의 일부지역에 통일된 백제토기를 확산시킨다.

웅진시기는 백제가 고구려의 침략을 받아 한성이 함락되고 공주로 수도를 옮긴 475~538년 사이의 기간이다. 웅진시기는 웅진 Ⅰ기, 웅진 Ⅱ기로 나누어 살펴보았다.

웅진 Ⅰ기는 고구려의 영역확장에 따라 밀려 내려온 백제가 정치적으로 안정을 찾기 위해 노력하던 시기로 백제토기는 한성시기 기종보다 새로 추가된 것은 없으나 기형이 약간 변화한다. 웅진 Ⅱ기는 백제가 안정을 되찾은 시기로 무령왕 집권 이후~사비(부여)로 천도하기 이전까지이다. 이 시기는 중국과의 문화교류가 활발히 진행되어 남북조의 새로운 문물이 유입되고, 일본과도 견고한 교류가 이루어진다. 이 시기는 안정된 기반을 바탕으로 선진화된 토기문화의 기조를 수용하여 백제토기의 기종이 늘어나고, 기형이 복잡하지 않고 세련된 모습으로 변한다. 웅진시기는 호류(단경호, 장경호, 광구단경호, 직구호), 고배, 삼족토기, 시루, 완, 병, 기대, 벼루, 등잔 등이 있다.

사비시기는 백제가 국가경영의 틀을 더욱 견고히 하고 대외교류를 원만히 펼치기 위해 부여로 천도한 538년부터 660년까지를 말한다. 이 시기는 백제문화의 완성기이면서 절정기인데 백제토기 또한 가장 완벽한 제품이 제작되고 있다. 사비시기는 사비 I기, 사비 II기, 사비 III기로 나누어 보았다.

사비 I기는 웅진시기의 기종을 그대로 사용하면서 주변국과 적극적인 문화교류를 통해 이입되는 기종을 백제화하는 과도기적인 단계로 6세기 중엽 경까지이다. 사비 II기는 과도기적인 단계를 지나 백제화가 꾸준히 진행되면서 백제토기의 고급화를 실현하는 단계로 회색토기가 등장하는 시기이다. 이 기간에는 백제토기가 규격성을 가지면서 생산되고 보급이 엄격하게 제한되며 6세기 중엽경부터 6세기 말까지이다. 사비 III기는 백제토기가 모든 면에서 완성되고 실용적인 면이 강조되는 시기로 남부지방에 이르기까지 통일된 기종이 등장하는 단계이다. 7세기 초부터 7세기 중엽까지이다. 사비시기는 호류(단경호, 직구호), 고배, 삼족토기, 개배, 심발형 토기, 시루, 완, 병, 기대, 자배기, 호자, 변기, 도가니 등이 있다.

백제토기는 이전 시기의 토기 제작기법과 중국에서 새로 들어오는 기술을 수용하여 백제인의 기호에 맞게 만들어졌다. 백제토기를 만들었던 태토는 채취한 점토를 그대로 이용하는 경우도 있지만 대체로 식물, 목탄, 석영, 모래 등이며 토기편 분말을 혼합하여 만들었다.

태토가 만들어지면 토기를 성형하는데, 손빚기, 테쌓기, 띠쌓기 등을 이용하여 만들었다. 토기를 만드는 기본단계를 지나면 기형器形을 다듬어서 완벽한 형태를 만드는 과정을 거친다. 대표적인 과정으로 표면 두드리기를 들 수 있다. 표면 두드리기는 성형할 때 기벽器壁의 공기를 빼내고 단단하게 해주는 것으로 타날판과 내박자를 이용한다. 백제토기는 회전력을 이용하는 녹로에서 만들었다. 성형이 완료되면 토기를 잘 다듬어 마무리하고 표면을 장식하는 다양한 기술이 펼쳐진다. 토기의 표면을 다듬는 방법은 타날기법, 깎기, 물손질 정면기법 등이 있다.

백제토기에 남아 있는 무늬는 토기의 표면에 나타난 선과 더불어 백제인의 미적 감각을 살펴볼 수 있다. 토기 표면에는 타날문, 각문, 압날문, 압인문, 표면에 천을 두른 후 그 위를 두드리거나 나무봉에 직물을 감싸 문지르는 등 다양한 무늬를 나타냈다.

토기의 표면을 정면하는 방법은 예새나 물을 묻힌 헝겊 등을 이용하였다. 물손질에 의한 정면은 정지된 상태에서 조정하거나 회전대를 이용한다. 성형한 후 마무리방법 중 하나로 토기 표면에 문자나 기호를 쓰거나 새기거나 찍는 작업이 있다. 또한 토기의 일부분을 잘라내는 방법이 있고, 토기의 표면에 고사리무늬나 원판을 붙이는 것도 있다.

녹로에서 토기의 표면장식이 끝나면 마지막으로 토기를 녹로의 회전판에서 떼어내는 작업을 거쳐 그늘에 말리는 작업이 그 뒤를 잇는다. 말린 토기는 가마의 소성실에 적재하여 불을 지펴 굽는다. 소성실에 토기를 쌓을 때 이상재와 이기재를 사용하였다. 백제시대의 가마는 반지하식·지하굴식으로 오름가마와 평가마가 있으며 환원염還元焰으로 제품을 생산했다. 생산된 백제토기는 기술적인 속성에 따라 연질토기, 경질토기, 흑색와기, 회색토기로 불리고 이외에도 흑색마연기법이 채용된 토기, 칠漆을 바른 토기, 연유鉛釉가 발라져 있는 녹유기도 있다.

 백제토기 제작기술은 바다건너 일본에 전해져 고훈古墳시대의 대표적인 토기인 스에끼를 만드는 근간이 되었다. 기술적인 전파 외에도 백제토기가 직접 전해지거나 일본에서 백제토기를 본떠 만든 백제계토기가 발견되어 백제토기 문화의 영향이 대단했음을 알 수 있다.